CHINA FINANCIAL SECURITY REPORT

中国金融安全报告

2017

金融安全协同创新中心
西南财经大学中国金融研究中心 ◎ 著

中国金融出版社

责任编辑：张菊香
责任校对：张志文
责任印制：裴　刚

图书在版编目（CIP）数据

中国金融安全报告2017（Zhongguo Jinrong Anquan Baogao 2017）/金融安全协同创新中心，西南财经大学中国金融研究中心著．—北京：中国金融出版社，2017.9
ISBN 978 - 7 - 5049 - 9210 - 9

Ⅰ．①中…　Ⅱ．①金…②西…　Ⅲ．①金融风险—风险管理—研究报告—中国—2017
Ⅳ．①F832.1

中国版本图书馆 CIP 数据核字（2017）第 232572 号

出版
发行　**中国金融出版社**
社址　北京市丰台区益泽路2号
市场开发部　（010）63266347，63805472，63439533（传真）
网上书店　http：//www.chinafph.com　（010）63286832，63365686（传真）
读者服务部　（010）66070833，62568380
邮编　100071
经销　新华书店
印刷　北京市松源印刷有限公司
尺寸　185毫米×260毫米
印张　10.75
字数　232千
版次　2017年9月第1版
印次　2017年9月第1次印刷
定价　38.00元
ISBN 978 - 7 - 5049 - 9210 - 9
如出现印装错误本社负责调换　联系电话（010）63263947
编辑部邮箱：jiaocaiyibu@126.com

编 委 会

自　序

经过长期的培育、组建与探索，2012 年 8 月 25 日，由西南财经大学倡议并牵头，中国人民大学、武汉大学、审计署、中国银行业监督管理委员会等联合发起成立了"金融安全协同创新中心"。本着"深度融合、动态开放、优势互补、资源共享、持续发展"的建设原则，中心紧密结合国家金融安全领域的重大战略需求和学术前沿发展，提供高水平研究成果，推动高层次拔尖创新人才培养，提升国内金融学科实力，为中国金融业的科学发展提供智力支持。

2017 年 4 月 25 日下午，中央政治局就维护国家金融安全进行第四十次集体学习，习近平同志在主持学习时强调，金融安全是国家安全的重要组成部分，是经济平稳健康发展的重要基础。维护金融安全，是关系我国经济社会发展全局的一件带有战略性、根本性的大事。当前，国际国内形势正在发生着深刻的变化。从国际形势来看，第三次工业革命极大地推动了人类社会经济、政治、文化领域的变革，在世界政治多极化、经济全球化和社会信息化三大趋势的推动下，国际政治经济形势更加复杂，大国博弈更加剧烈。从国内形势来看，中国经济发展进入了新的阶段，但结构性问题仍然突出，中等收入陷阱的隐患犹存，金融体系建设还不完善，金融市场的运行机制还不健全，伴随国内经济转型所形成的系统性金融风险和区域性金融风险因素也在不断累积，这一系列因素造成了中国的金融安全形势仍然严峻。也正因为如此，如何评估我国金融风险及金融安全状态，并及时预警金融危机就显得尤为重要。

《中国金融安全报告》是金融安全协同创新中心自成立以来所开展的一项重要研究工作，自 2014 年开始，每年度持续跟踪发布。报告的核心内容为编制中国金融安全指数，对中国金融安全状态进行评估，并对中国未来金融安全隐患进行分析。

在报告编制过程中，金融安全协同创新中心的十几位研究员在反复论证报告框架的基础上，分赴国内几十家重要金融机构和监管部门开展调研，在获得了大量一手信息并深刻理解各个金融领域的实际安全状况之后，开始该报告的撰写工作。其间，举行讨论会不下十几场，报告几易其稿，最终形成大家目前所看到的该报告的正式版本。

《中国金融安全报告》是一项浩大的工程，也是一项伟大的事业。它的诞生，得到了西南财经大学及协同单位的鼎力支持，也离不开业界同仁的无私帮助，在此表示感谢。我们也会将《中国金融安全报告》的编制工作长期坚持下去，戮力同心，不负众望。

2017 年 9 月

目　　录

第一章　金融安全评估概述 ·· 1

第一节　金融安全的概念及内涵 ···································· 1

第二节　金融安全报告文献述评 ···································· 5

第三节　本报告框架与评估方法 ···································· 6

第四节　我国金融安全评估结论 ···································· 10

第二章　金融机构安全评估 ·· 23

第一节　银行业安全评估 ·· 23

第二节　证券业安全评估 ·· 35

第三节　保险业安全评估 ·· 41

第三章　金融市场安全评估 ·· 50

第一节　评估体系和指数构建 ······································ 50

第二节　评估结果与分析 ·· 55

第三节　金融市场安全总结与展望 ·································· 64

第四章　房地产市场安全评估 ·· 66

第一节　评估体系和指数构建 ······································ 66

第二节　评估结果与分析 ·· 68

第三节　当前房地产市场存在的安全隐患 ···························· 71

第四节　展望 ·· 76

第五章　金融风险传染安全评估 ·· 78

第一节　评估体系和指数构建 ······································ 79

第二节　评估结果与分析 ·· 81

第三节　结论与展望 ·· 88

第六章　经济运行安全评估 ·· 93
　第一节　评估体系和指数构建 ·· 93
　第二节　评估结果与分析 ·· 96
　第三节　当前我国经济运行中的安全隐患 ···························· 101
　第四节　结论与展望 ··· 116

第七章　全球主要经济体对我国金融安全溢出效应评估 ·············· 118
　第一节　评估体系和指数构建 ·· 118
　第二节　评估结果与分析 ·· 122
　第三节　经济体风险隐患 ·· 134

第八章　中国金融自主权评估 ··· 138
　第一节　全球化背景下的金融自主权的界定 ···························· 139
　第二节　金融自主权评估体系和指数构建 ······························ 141
　第三节　中国金融自主权评估与分析 ···································· 145
　第四节　结论与展望 ·· 154

参考文献 ··· 158

第一章　金融安全评估概述

第一节　金融安全的概念及内涵

通常，人们在遇到危险或感到有威胁时才会想到安全问题，所以安全概念最基本的特征就是与威胁和危险相关联。在汉语里，安全的习惯用法是指一种状态，它有三个含义：没有危险、不受威胁、不出事故。按照韦伯词典关于英语 security 相关词条的解释，一方面指安全的状态，即免于危险，没有恐惧；另一方面还有维护安全的含义。二者的基本意思均为不存在威胁和危险。现实主义代表性人物阿诺德·沃尔弗斯（Arnold Wolfers）在《冲突与合作》中指出，安全在客观的意义上表明对所获得价值不存在威胁，在主观的意义上表明不存在这样的价值会受到攻击的恐惧。[①] 可见两种文化中的意思几近相同。如果将这一定义进一步分解，它应该包含这样几种构成要素：一是安全既是一种客观存在的生存状态，又是一种主观的心理反应，后者以前者的存在为基础；二是安全是一种特定的社会关系，而非孤立存在的单个形态，是主体与自然、社会发生关系的结果，离开了具体的社会活动，就无所谓安全与非安全之分；三是安全是一种实践活动，是一种有目的的自觉行为。

在国外的研究中，较少使用金融安全的概念，而更多地使用了经济安全、金融稳定、金融危机、金融主权、金融稳健等一系列相关的概念。国外对经济安全的界定存在颇多分歧，为此，Mangold（1990）认为没有必要为经济安全下一个明确的定义，因为经济安全与国家利益紧密相关，界定过于宽泛，没有实际意义；界定过于狭窄，又易于忽略一些重要的议题。美国国际关系学家 Krause 和 Nye（1975）对经济安全的定义具有代表性：经济福利不受被严重剥夺的威胁。在少数几篇研究金融领域战略性安全的文献中，西方学者将金融安全视为经济安全的核心组成部分。例如，亨廷顿列举了西方文明控制世界的 14 个战略要点，控制国际银行体系、控制硬通货、掌握国际资本市场分别列第一、第二和第五项，金融安全问题居于最重要的战略地位[②]。Stiglitz 和 Greenwald（2003）将宏观金融运行的安全性问题定义为：第一，金融机构破产的重要性是第一位的，因此，宏观金融决策必须考虑对破产概

---

① Arnold Wolfers. National Security as an Ambiguious Symbol [J]. Political Science Quarterly, 67/1952；倪世雄. 当代西方国际关系理论 [M]. 上海：复旦大学出版社，2001.

② 亨廷顿. 文明的冲突与世界秩序的重建 [M]. 北京：新华出版社，1998.

率的影响。第二，面对危机，特别是在重组金融体系时，国家必须考虑重组对信用流的影响，即重组对整体社会资金运行必将产生某种影响。第三，多市场的一般均衡效应与单一市场的局部均衡效应存在差别，有必要对银行重组的经济和金融效应做全面的前瞻性分析，最大限度地提高金融体系的稳定性。Stiglitz 和 Greemwald（2003）的观点给我们的启示是：金融安全的第一要素是金融机构的破产概率与危机救助。

在 1997 年亚洲金融危机之后，国内很多学者开始关注和研究金融安全问题，并从不同角度给金融安全概念进行界定。王元龙（1998）和梁勇（1999）分别从金融的实质角度和国际关系学角度对金融安全概念进行了界定。王元龙（1998）从金融实质角度，认为所谓金融安全，就是货币资金融通的安全，凡与货币流通及信用直接相关的经济活动都属于金融安全的范畴，一国国际收支和资本流动的各个方面，无论是对外贸易，还是利用外商直接投资、借用外债等都属于金融安全的范畴，其状况直接影响着金融安全。梁勇（1999）从国际关系学角度认为，金融安全是对"核心金融价值"的维护，包括维护价值的实际能力与对此能力的信心。"核心金融价值"是金融本身的"核心价值"，主要表现为金融财富安全、金融制度的维持和金融体系的稳定、正常运行与发展。各种经济问题首先在金融领域中积累，到金融体系无法容纳这些问题时，它们便剧烈地释放出来。金融安全程度的高低取决于国家防范和控制金融风险的能力与市场对这种能力的感觉与态度。因此，国家金融安全是指一国能够抵御内外冲击保持金融制度和金融体系正常运行和发展，即使受到冲击也能保持本国金融及经济不受重大损害，如金融财富不大量流失，金融制度与金融体系基本保持正常运行和发展的状态，维护这种状态的能力和对这种状态与维护能力的信心与主观感受，以及这种状态和能力所获得的政治、军事与经济的安全。

张幼文（1999）认为，金融安全不等于经济安全，但金融安全是经济安全的必要条件。一方面由于金融在现代市场经济中的命脉地位，使由金融系统产生的问题可能迅速成为整体经济的问题；另一方面也由于金融全球化的发展使世界局部金融问题迅速转化为全球性金融问题，从而金融安全成为经济安全的核心。刘沛（2001）认为，金融安全是指一国经济在独立发展道路上，金融运行的动态稳定状况，在此基础上从七个方面对金融稳定状态进行了说明。在前人研究基础上，王元龙（2004）对金融安全进行了重新界定，金融安全简而言之就是货币资金融通的安全，是指在金融全球化条件下，一国在其金融发展过程中具备抵御国内外各种威胁、侵袭的能力，确保金融体系、金融主权不受侵害，使金融体系保持正常运行与发展的一种态势。刘锡良（2004）认为，从金融功能的正常履行来认识金融安全，可以分成微观、中观和宏观三个层次，金融安全的主体是一国的金融系统，金融安全包括金融资产的安全、金融机构的安全和金融发展的安全。陆磊（2006）认为，对于我国这样的金融转型国家，国家金融安全还存在着更为复杂的内容，往往需要从一般均衡的角度加以认识。

国内外研究表明，金融安全是经济安全的核心组成部分，经济安全的含义更多地和经济危机、国家主权相联系，因此，在金融安全的研究中，学者们更多地借鉴经济安全的研究成果。尽管国内学者在金融安全界定上做出了努力，但这些概念过于抽象，对其内涵和外延界定也颇多争议，导致后续研究变得较为困难。为此，我们需对一些近似概念进行界定与梳理。第一，金融稳定与金融稳健。中国人民银行认为金融稳定是金融体系处于能够有效发挥其关键功能的状态。[①] 在这种状态下，宏观经济健康运行，货币和财政政策稳健有效，金融生态环境不断改善，金融机构、金融市场和金融基础设施能够发挥资源配置、风险管理、支付结算等关键功能，而且在受到内外部因素冲击时，金融体系整体上仍然能够平稳运行。刘锡良（2004）认为，金融稳定是指金融体系不发生大的动荡、可以正常行使其功能；金融稳定并不必然表示安全，但不稳定就会爆发金融危机，可见金融安全的概念要包括金融稳定。王元龙（2004）认为，金融安全是一种动态均衡状态，而这种状态往往表现为金融稳定发展。金融稳定侧重于金融的稳定发展，不发生较大的金融动荡，强调的是静态概念；而金融安全侧重于强调一种动态的金融发展态势，包括对宏观经济体制、经济结构调整变化的动态适应。对金融稳健性的界定，远未达成共识。Andrew Crockett（国际清算银行和金融稳健性论坛）把金融稳健性定义为没有不稳健性。国外一般从金融不稳健的角度对其进行定义。Roger Ferguson（美国联邦储备体系的董事会）从三个基本标准来判断或者界定金融不稳健：某些重要的金融资产的价格似乎与其基础有很大脱离或国内的和国际的市场功能和信贷的可获得性都存在明显的扭曲，结果是总支出与经济的生产能力出现明显的偏离（或即将偏离）。IMF的金融部门评估规划（FSAPs）对金融稳健指标进行了界定，Evans等人（2000）以及Sundararajan等人（2002）在FSAP的工作和IMF的监督指令的背景下，发展了一套金融稳健指标，并推动各国政府在对金融部门外部分析中采用这些指标（IMF，2003）。他们领导的研究小组开发出了一个核心指标集和鼓励指标集，但是至今没有开发出一个衡量金融稳健性的综合指标。可见，金融稳健与金融稳定概念比较接近，前者侧重手段，后者侧重目的，精准界定其差异尚需斟酌；金融安全是一个动态的概念，比金融稳定的外延更为广泛，更能反映一国金融体系的真实运行状况。第二，风险、危机、主权与金融安全。风险是指能用数值概率表示的随机性，侧重于不确定性和不确定性引起的不利后果。[②] 金融当局关注的焦点是负面风险而非最可能的前景，他们试图弄清楚影响稳定的潜在威胁。[③] 中国人民银行《中国金融稳定报告（2005）》强调金融体系的整体稳定及其关键功能的正常发挥，注重防止金融风险跨行业、跨市场、跨地区传染，核心是防范系统性风险。"系统性风险"是指一个事件在一连串的机构和市场构成的系统中引起一系列连续损失的可能性（Kaufman，1995）。单个的金融风险并不足以使一个国家的金融体系受到很大损害，只有当单个风险迅速扩大及转移扩散演变成全局性和战略性风险，对金融体系的功能发挥造成重大影响时才能威胁到金融安全，金融危机是危害金融安全的最主要途径（刘锡良，2004）。总体而言，金融风险与金融安全密切相关，金融风险的产生构成对金融安全的威

① 中国金融稳定报告，2005.
② 参见《新帕尔格雷夫经济学大辞典》关于风险的相关词条.
③ 英格兰银行第17期《金融稳定报告》.

胁，金融风险的积累和爆发造成对金融安全的损害，对金融风险的防范就是对金融安全的维护。但是，金融风险与金融安全又相互区别。金融风险主要从金融结果的不确定性的角度来探讨风险的产生和防范问题，金融安全则主要从保持金融体系运行与发展的角度来探讨威胁与侵袭来自何方及如何消除。在西方经济学中，对金融危机的含义有多种表述，但最具代表性的是《新帕尔格雷夫经济学大辞典》中对金融危机的定义："全部或大部分金融指标——短期利率、资产（证券、房地产、土地）价格、商业破产数和金融机构倒闭数的急剧、短暂和超周期的恶化。"金融危机的特征是基于预期资产价格下降而大量抛出不动产或长期金融资产。金融危机一般具体表现为货币危机、债务危机与银行危机。实际上，金融危机是指一个国家的金融领域已经发生了严重的混乱和动荡，并在事实上对该国银行体系、货币金融市场、对外贸易、国际收支乃至整个国民经济造成了灾难性的影响。金融安全的反义词是金融不安全，但绝不是金融危机的爆发。金融危机根源于金融风险的集聚，是危害金融安全的极端表现，是金融不安全状况累积的爆发结果。总体来说，金融安全体现为一国金融体系的稳定运行状态，关键在于核心金融价值的维护，取决于一国政府维护或控制金融体系的能力和金融机构的竞争能力。单个的金融风险不足以影响到一国金融体系的正常运行，只有当单个风险迅速扩大、转移和扩散演变成系统性风险，才能对金融体系造成重大影响，进而威胁到金融安全。金融危机是危害金融安全的极端表现，而金融主权则是国家维护金融安全的重要基础。

我们认为金融安全是一个现实命题，它既包含经济方面也包含政治方面。在分析金融安全问题的时候，我们应该坚持"以国家为中心"的现实的分析视角，特别是在涉及国家主权的部分，不能舍弃现实主义的分析手段；然而在规范要素上，中国学者则应该以中共中央提出的"互信、互利、平等、协作"为核心内容的"新安全观"为基本价值取向。中共中央提出的"新安全观"是与"和谐世界"的主张一脉相承的，讨论的是人类社会终极走向，因此它带有理想主义的色彩。新安全观要彰显的是一种大国"有容乃大"的气质和肚量，但它并不与"国家中心"的分析视角矛盾，因为金融安全的提出本来就是以一国为基本研究单位。2014 年 4 月 15 日上午，习近平主持召开中央国家安全委员会第一次会议，提出构建集政治安全、国土安全、军事安全、经济安全、文化安全、社会安全、科技安全、信息安全、生态安全、资源安全、核安全等于一体的国家安全体系。为此，本书在研究过程中秉承了上述"新金融安全观"的思维模式。①

基于这样的认识，本书尝试性地给出金融安全的定义。金融安全是一个高度综合的概念，与金融危机、金融主权密切相关，它体现为一国金融体系的稳定运行状态，关键在于核

---

① "新金融安全观"包含了价值规范与分析要素两方面内容。理想主义与现实问题的融合具有非凡的意义，其类似于中国传统文化中对"道"和"术"的理解。"行正道"是人类的价值规范，然而"法术"的本身则包含"兵者，诡道"的意味。人的观念根植于人性，我们也可以从人性来解释这种矛盾，费尔巴哈在《基督教的本质》一书中将人的本质归结为理性、情感和意志。基于现实约束的理性分析是为人称道的，但它并不是人的全部。因为现实的理性让我们看到冲突、残忍和荒唐，完美的世界只能在情感世界中出现。因此，理性似乎更多地表现为一种分析要素；而很多人的行为不是完全基于理性的，他们是更忠于自己理想的人。

心金融价值的维护，根本取决于一国政府维护和控制金融体系的能力。

第二节 金融安全报告文献述评

瑞典央行认为金融稳定报告的目的是识别金融体系的潜在风险，评估金融体系抵御风险的能力。金融稳定分析的内容是金融体系抵御不可预见冲击的能力，这些冲击一般是对金融性公司和金融基础设施构成影响，其中的金融基础设施是进行支付和金融产品交易必不可少的。金融系统的稳定主要依靠构成系统的机构、体系和管理安排。因为金融系统也影响或被宏观经济环境影响，不稳定的影响或冲击可能来自其内部或其外部，能相互作用引发一个比局部影响总和要大得多的整体影响。欧洲中央银行认为金融稳定的定义宽泛而复杂，并非仅指防范和化解金融危机一个方面。金融稳定概念包括积极主动维稳定义，即保障金融系统中的一切常规业务能够在现期及可预见的将来始终安全正常运作。金融体系的稳定要求其中的各主体部门——金融机构、金融市场及金融支撑系统等——能够协同应对来自负面的干扰。金融体系的功能是连接储蓄与投资，安全有效率地重新配置资源，科学准确地进行风险评估和产品定价，以及有效地管理金融风险。此外，金融稳定还包括前瞻性要求，预防资本配置的低效和风险定价的失准对金融体系未来稳定形成威胁，进而影响到整体经济的稳定。为全面描述金融系统的稳定状况，必须做好三项工作：第一，对金融体系各主体部门（金融机构、金融市场、基础设施）的健康状况进行个体和整体的评估；第二，对风险点、薄弱点及诱因进行甄别；第三，对金融系统应对危机的能力进行评价，并由整体评估的结论决定是否采取应对措施。需要明确的是，关注风险点、薄弱点及诱因并非以预测货币政策的成效为目的，而是为了找出那些潜藏的金融风险源加以防范，尽管它们离真实爆发尚需时日。

Delisle Worrell（2004）提出了一整套的金融部门量化评估方法及应用领域。他指出学术界量化方法主要用于测算以下三个问题：金融部门稳定性、风险暴露和对冲击时的脆弱性。第一，金融稳健指标的运用。一是作为判断工具，用于对市场变化趋势、主要扰动和其他因素的判断；二是构建信号模型，用于评估金融系统的脆弱性、金融危机发生的可能性以及建立一套早期预警系统。第二，压力测试，测试金融部门对极端事件的可能性和敏感程度，以及危机在各个金融部门中的传导机制，用于衡量金融机构在危机中存活下来的能力。第三，基于模型的金融预测，衡量危机发生的可能性。为此，一个整体的金融系统评估方法应综合阐述以下四个问题：一是构建单个金融部门风险的早期预警系统；二是建立一个对金融部门进行风险预测的框架；三是阐述进行压力测试的步骤；四是在考虑银行间的风险传染基础上如何对模型进行修正。

世界银行与IMF（2005）编制的金融部门评估手册中认为：广义的金融体系稳定意味着既无大规模的金融机构倒闭，金融体系中介功能也未发生严重混乱。金融稳定可以视为金融体系在一个稳定区间内长时间安全运转的情况，当逼近区间边界时即面临不稳定，在越过区间边界时即出现了不稳定。金融稳定分析旨在识别危及金融体系稳定的因素，并据此制定适当的政策措施。其重点关注的内容是金融体系的风险敞口、风险缓冲能力及其相互联系，进而评估金融体系稳健性和脆弱性，并关注对金融稳健具有决定性影响的经济、监管和制度等因素。金融稳定的分析框架以宏观审慎监测为核心，以金融市场监测、宏观财务关系分析、宏观经济状况监测为补充。第一，金融市场监测有助于评估金融部门受某一特定冲击或组合性冲击时面临的主要风险，一般采用 EWS 模型，对金融体系带来极大冲击的可能性进行前瞻性评估；第二，宏观审慎监测旨在评估金融体系的健康状况及其对潜在冲击的脆弱性，侧重于研究国内金融体系受宏观经济冲击后的脆弱性；第三，宏观财务联系分析力图了解引发冲击的风险敞口如何通过金融体系传递到宏观经济，评估金融部门对宏观经济状况的冲击效果，所需要的数据包括各部门的资产负债表、私营部门获得融资的指标；第四，宏观经济状况的监测主要是监测金融体系对宏观经济状况的总体影响，特别是对债务可持续性的影响。

全球金融稳定报告侧重于三个领域：第一，从货币和金融状况、风险偏好等七个领域对全球金融稳定状况作出综合评估；第二，对当前重大风险银行进行专题分析；第三，提供相应政策建议。它基于货币和金融状况、风险偏好、宏观经济风险、新兴市场风险、信用风险、市场和流动性风险七个维度对全球金融稳定状况作出评价。

中国人民银行《中国金融稳定报告》基本遵循了《金融部门评估》的框架，内容包括宏观经济描述、银行业、证券业、保险业、金融市场、政府、企业和住户财务分析、当前在宏观审慎管理上的政策推进，基本侧重于行业的总体财务数据分析，缺少各部门的关联分析。

叶永刚《中国与全球金融风险报告》，采用或有权益分析法，分公共部门、上市金融部门、上市企业部门、家户部门、综合指数比较，并在此基础上分东部、东北部、中部、西部，按省分别对风险进行分析。李孟刚《中国金融产业安全报告》基于金融业细分对金融产业安全做出了评估和预警。上海财经大学《中国金融安全报告》侧重于风险专题的研究与探讨。

第三节　本报告框架与评估方法

一、基本框架

本报告拟从经济和政治两个视角，从金融机构、金融市场、经济运行三个层次，从静态风险和动态发展两个维度，全面评估我国金融安全状态以及维护金融安全的能力。具体有以下三个方面特点。

第一，金融安全评估包括经济和政治两个视角。金融安全问题是一个综合国际政治、经济、文化诸方面的重大课题，它一方面与系统性风险、金融危机等命题相关，另一方面涉及资源配置的权力、金融自主权等方面的内容。本报告从经济与政治两个视角来对金融安全问题进行解析。经济视角重点评估金融稳健性，分析个体风险、系统性风险、金融危机的潜在可能与威胁。政治视角重点评估金融自主权，分析在金融开放的过程中如何维护自己的主权，把握开放的进程，进而在全球政治经济新秩序重构中分享最大化收益。具体来讲，金融自主权可以定义为一国享有独立自主地处理一切对内对外金融事务的权利，即表现为国家对金融体系的控制权与主导权，主要包括货币自主权、大宗商品定价权和国际金融话语权等内容。

第二，金融安全评估包括金融体系、经济运行、国际传染三个层次。我们试图在双重转型的特殊约束条件下，研究金融安全在不同层面上的相互转换与分担机制。金融体系的金融安全主要探讨经济风险如何集中于金融体系，研究金融机构个体风险如何向系统性风险转换及金融机构、金融市场之间的风险传染机制。经济层面的金融安全主要探讨金融系统性风险与经济系统风险的分担与转换机制，研究金融系统性风险向金融危机、经济危机转化的临界条件与路径。国际传染层次主要研究全球经济体在经济金融层面的溢出效应。

第三，金融安全评估包括静态风险评估与动态发展评估两个维度。前者从时间维度来监测我国金融安全的即时状态，重点描述"风险的结果"，即当前的金融风险处于一种什么样的状态；后者从动态角度描述我国维护金融安全的能力，重点描述"潜在的风险"，即从发展的眼光看有哪些因素会潜在地危害金融稳定。

总体来看，金融安全的评估框架具体如表 1 – 1 所示。

表 1 –1 金融安全评估框架

一级指标	二级指标	三级指标
金融稳健性	金融机构安全评估	银行业、证券业、保险业
	金融市场安全评估	股票市场、债券市场、衍生品市场
	房地产市场安全评估	房价收入比、库存消费周期、房价与 GDP 比率
	金融风险传染评估	金融机构风险传染、金融市场风险传染
	经济运行安全评估	总体经济、经济部门
	全球主要经济体溢出效应评估	实体经济溢出效应、金融市场溢出效应
金融自主权	货币自主权	货币替代率、货币政策独立性、货币国际化
	大宗商品定价权	动态比价指标
	国际金融事务话语权	国际金融组织投票权、政治全球化指数、持有美国国债占比

二、指数体系构建方法

金融安全指数合成可采用线性综合评价模型：$Y_i = \sum_{j=1}^{m} w_j X_{ij}$ （$i = 1, 2, \cdots, n$; $j = 1, 2, \cdots, m$）。式中 X_{ij} 为第 i 个被评价对象第 j 项指标观测值，w_j 为评价指标 X_j 的权重系数，Y_i 为第 i 个被评价对象的综合值。从这个模型来看，影响综合评价结果可靠性的因素包括所选取的指标 X_j 及各指标的权数 w_j。

（一）指标筛选

除专家指标主观筛选法之外，国内学者对综合评价中筛选指标提出的方法主要集中在统计和数学方法上[①]。

1. 主观筛选法（Delphi 法）。在评价指标的筛选中，德尔菲（Delphi）法经常被提到。这是一种向专家发函、征求意见的调研方法，即评价者在所设计的调查表中列出一系列评价指标，分别征询专家的意见，然后进行统计处理，并向专家反馈结果，经过几轮咨询后，专家的意见趋于一致，从而确定出具体的评价指标体系。这种方法的优缺点都很显著，缺点就是主观性太强，缺乏客观标准，并且耗时长。

2. 客观筛选法。一是基于相关性分析的指标筛选方法，在筛选指标时应尽量降低入选指标之间的相关性，而相关性分析就是通过对各个评价指标间予以相关程度的分析，删除一些相关系数较大的评价指标，以期削弱重复使用评价指标所反映的信息对最终评价结果造成的负面影响。具体包括极大不相关法（又名复相关系数法）、互补相关新指标生成法等。二是基于区分度的指标筛选方法，区分度是表示指标之间的差异程度，区分度越大，表明指标的特性越大，越具有对被评价对象特征差异的鉴别能力。一般采用的方法有条件广义方差极小法、最小均方差法、极小极大离差法。三是基于回归分析的指标筛选方法，包括偏最小二乘回归法、逐步回归法等。四是基于代表性分析的指标筛选方法，包括主成分分析法、聚类分析法等。

就上述的主、客观指标筛选法而言，专家筛选法缺乏客观性，从而降低了由此构建的评价指标体系的科学性；而上述统计方法运用于指标筛选虽都有其合理的理论依据，但由于在金融安全评价的实践中，这些方法往往只考虑了数据本身的特征，未进行经济理论的分析，这通常将造成各类评价指标分布严重的不均衡，而且指标体系的经济意义难以解释。[②] 例如某类经济意义非常重要的指标没有入选，而其他类别的指标却非常集中，这样的指标体系用于综合评价欠缺科学性和说服力。由此来看，综合评价指标的筛选完全依靠主观方法或者客观的统计学方法都是不科学的，单纯的主观方法选择综合评价指标，往往主观随意性太强，不同的专家对代表性指标和重要性指标的看法不同，难以协调统一，而且选出的指标之间很容易存在较大的相关性或者指标的鉴别力不强。而单纯运用统计学方法也会造成前述的种种问题。所以，金融安全评估指标的筛选必须采用主客观相结合的方法，要在对金融安全理论本质认识的基础上，结合适当的统计学方法来进行筛选。

（二）指标的无量纲化处理

为了方便对指标进行加总及比较，我们需对指标进行无量纲化处理，本报告处理的方法如下。

1. 指标的同向化处理，我们均将指标处理结果变为值越大金融指数越安全。

（1）对于极小型指标 X。一般而言，在对极小型指标的原始数据进行趋势性变换时，采用下述的方式将极小型指标转化为极大型指标：①对绝对数极小型指标使用倒数法，即令

① 吕香亭. 综合评价指标筛选方法综述 [J]. 合作经济与科技，2009（9）：54.
② 张立军，罗珍. 上市公司经营业绩评价指标的筛选方法 [J]. 统计与决策，2008（18）：63–65.

$X^* = 1/X(X > 0)$；②对相对数极小型指标使用差值法，即令 $X^* = 1 - X$。如果该相对数极小型指标具有一个阈值（即该指标 X 有一个允许上界 M），则也可采用令 $X^* = M - X$ 的方式来使其转化为极大型指标。

$$（2）对于区间型指标 X。令 X = \begin{cases} 1 - \dfrac{q_1 - X}{\max(q_1 - m, M - q_2)}, & X < q_1 \\ 1, & q_1 \leq X \leq q_2 \\ 1 - \dfrac{X - q_2}{\max(q_1 - m, M - q_2)}, & X > q_2 \end{cases}，式中 [q_1, q_2] 为$$

指标 X 的最佳稳定区间，m 为指标 X 的一个允许下界，M 为指标 X 的一个允许上界。我们的惯例为采用最优区间为 X 的均值加减 0.3 个标准差。

2. 指标的无量纲化处理

功效系数法的基本思路是先确定每个评价指标的满意值 M_j 和不容许值 m_j，令 $X'_{ij} = 60 + \dfrac{X_{ij} - m_j}{M_j - m_j} \times 40$。这种转化能够反映出各评价指标的数值大小，可充分地体现各评价单位之间的差距，且单项评价指标值一般在 60～100。但须在事前确定两个对比标准，评价的参照系——满意值和不容许值，因此操作难度较大。许多综合评价问题中理论上没有明确的满意值和不容许值，实际操作时一般有如下的变通处理：（1）以历史上的最优值、最差值来代替；（2）在评价总体中分别取最优、最差的若干项数据的平均数来代替。我们进行指数处理的方法为：M 为满意值，可以采用中国历史最优值或者 OECD 最优值的 10% 分位或 20% 分位；m 为不容许值，可以采用危机国家最差值的 10% 分位或 20% 分位或者中国的历史最差值。

（三）指数权重的赋予

任何评价体系都无法避免地遇到指标赋权这一难题，而多指标综合评价中指标权数的合理性、准确性直接影响评价结果的可靠性。指标权数的确定在评价指标体系中，各个评价指标在综合评价结果中的地位和作用是不一样的。有鉴于此，为了使评价的结论更具有客观性和可信性，原则上就要求，应该对每一个评价指标赋以不同的权重。尽管指标权重的确定在综合评价中的意义显著，但是如何给评价指标赋权，却是一件比较困难的事情。目前，指标的赋权法有主观赋权法、客观赋权法以及建立在这两者基础之上的组合赋权法三类方法。

主观赋权法是研究者根据其主观价值判断来确定各指标权数的一类方法。这类方法主要有专家赋权法、层次分析法等。各指标权重的大小取决于各专家自身的知识结构，个人喜好。客观赋权法是利用数理统计的方法将各指标值经过分析处理后得出权数的一类方法。根据数理依据，这类方法又分为熵值法、变异系数法、主成分分析法等。这类方法根据样本指标值本身的特点进行赋权，具有较好的规范性。但其容易受到样本数据的影响，不同的样本根据同一方法会得出不同的权数。

由于权重的客观赋值方法依赖于各指标对应的历史数据，现囿于历史数据的可得性及其与金融安全理论的关联性缺乏深入论证，我们无法在事前运用客观法或组合赋权法对指标予以赋权。为此，基于文献及以前的理论实证研究结论，我们召集了数十位专家对权重进行了讨论并最后赋予权重。最后，我们也采用了层次分析法等对权重进行了鲁棒性测试，对金融安全指数的分位排序并不会造成影响。

（四）金融安全指数的经济学含义

金融安全指数合成后，金融安全指数越大表示越安全，一般而言，低于 60 分是危机区间，对应颜色为红色；60~70 分是危险区域，对应颜色为橙色；70~80 分为风险级别可控，对应颜色为蓝色；80 分以上，安全，对应颜色为绿色。

第四节　我国金融安全评估结论

一、我国金融安全总体情况（2001—2016）

（一）我国金融安全总体可控，代表风险的金融稳健性指数多保持在 80 以上的较高水平，自 2011 年以来呈现恶化趋势的指标，2016 年有所好转

1. 我国金融安全总体可控，从表 1-2 我们可以看出，我国金融稳健性指数大多数年份均保持在 80 的较好水平，与此同时，我国金融自主权情况不断改善。但需要警惕的是，我国金融安全指数自 2013 年以来不断走低，存在较大的金融安全隐患。尤其值得注意的是，2016 年我国金融稳健性指数为 78.95，处于 2001 年以来的历史低位，需要高度警惕。

2. 我国金融安全状态可以粗略分为三个阶段：第一个阶段为 2001—2007 年，由于我国经济的快速发展、金融机构运营质量的提升及金融市场的发展，我国金融安全指数总体保持在较好水平，从 2001 年的 76.78 上升到 2007 年的 79.39；第二个阶段为次贷危机时期，即 2008—2009 年，由于外部环境导致的经济恶化，我国金融安全指数开始从 2007 年的 79.39 恶化到 2009 年的 76.28；第三个阶段为转型阵痛期，即 2010 年至今，2010 年由于外部经济的稳定与我国大规模刺激政策的推出，我国金融安全状况迅速好转，但我国经济增长模式变化带来的经济增长速度下滑、长期刺激政策带来的高杠杆率与金融机构稳健性下降，导致我国金融安全指数出现趋势性下降的隐患，从 2011 年的 80.63 下降至 2016 年的 76.58，值得注意的是，2016 年我国金融安全状态处于低位，仅次于 2009 年的历史最低值，为 76.58。

3. 从金融安全的两个视角来看，我国金融稳健性指数运行周期及趋势与金融安全总体指数基本一致，成为制约我国金融安全状况的关键因素。同时，我国金融自主权平稳上升，从 2001 年的 58.67 上升到 2016 年的 67.09。

表 1-2 中国金融安全指数

年份	金融机构安全指数	金融市场安全指数	房地产市场安全指数	金融风险传染指数	经济运行安全指数	主要经济体溢出效应指数	金融自主权评估	金融稳健性指数	金融安全指数
2001	80.67	85.00	78.56	98.76	74.99	78.14	58.67	81.31	76.78
2002	79.00	85.18	82.72	99.26	75.39	72.70	59.22	80.66	76.38
2003	82.35	85.23	80.43	98.67	80.75	91.71	59.50	84.69	79.65
2004	77.41	89.87	80.35	97.75	79.16	90.23	60.53	82.61	78.20
2005	74.57	89.99	81.81	95.61	82.16	93.30	63.46	82.33	78.56
2006	76.79	77.41	82.96	90.04	84.28	91.92	63.81	81.80	78.10
2007	84.64	72.91	82.18	85.37	84.90	84.26	63.73	83.31	79.39
2008	81.80	89.55	86.28	77.76	79.81	74.85	62.38	81.53	77.70
2009	84.35	76.97	75.51	74.21	74.12	78.71	64.96	79.11	76.28
2010	84.97	77.18	83.12	76.01	81.74	84.63	67.00	82.43	79.34
2011	88.22	85.20	83.43	75.28	79.85	81.33	68.00	83.78	80.63
2012	85.52	81.12	82.49	69.16	77.50	88.06	66.94	81.79	78.82
2013	85.10	82.98	80.31	76.51	77.85	90.85	69.21	82.67	79.98
2014	83.66	84.96	80.79	83.23	75.33	89.00	68.27	82.33	79.52
2015	83.53	64.66	76.00	79.67	73.27	89.22	68.51	79.02	76.92
2016	82.75	72.72	75.79	74.89	74.16	86.79	67.09	78.95	76.58

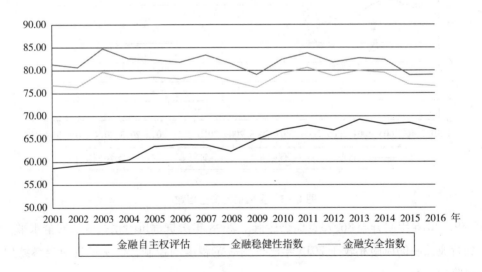

图 1-1　我国金融安全总体情况

（二）我国金融机构稳健性的总体改善是我国金融安全可控的核心保障，但2012年后我国银行业与证券业稳健程度开始下降

1. 从我国银行业安全程度的总体表现看，自2001年开始，我国银行业的安全状况表现出持续改善趋势，并在2011年达到阶段性的峰值，为91.67，但在此之后逐年下降至2015

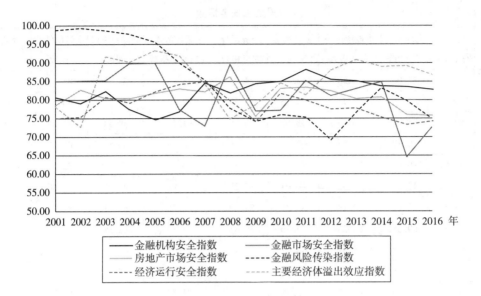

图 1-2　我国金融安全分项情况

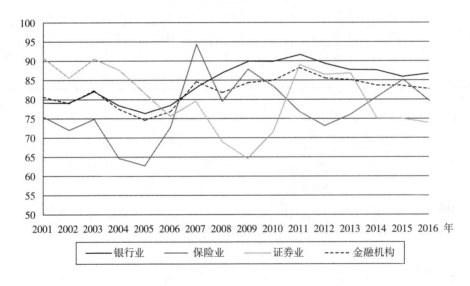

图 1-3　金融机构安全指数

年的 85.89，2016 年回升至 86.73，但仍然低于 2008 年次贷危机时银行业的安全水平。由此看来，银行业面临的风险相较于 2015 年已得到一定程度的控制，但决策者应当继续保持对银行业风险的注意。

从分项指标来看：（1）体现综合风险的 Z 值于 2003 年达到历史最高，随后逐年下降，于 2007 年达到最低值。之后，Z 值总体表现出逐年升高的趋势，这种稳定程度的改善在 2011 年达到一个阶段的最高值，而从 2012 年开始，Z 值又发生显著的下降，反映出稳定程度有所恶化，直到 2014 年有所回升。我们根据 Z 值的构成，发现其波动受到 ROA 和 CAR 的共同影响，二者在 2016 年都较前两年有所降低，反映出该年银行盈利水平的改善以及杠杆风险的下降。（2）不良贷款率的趋势变化显得更为明显，反映出持续改善的过程，从 2000 年平均不良贷款率高达约 14%，逐年减少到 2013 年平均不足 1%，体现出我国银行业改革中呆坏账剥离对银行风险的显著改善，以及银行对不良贷款风险控制水平的逐步提高。但是，2011—2015 年我国银行的平均不良贷款率出现上升，到 2015 年为 1.60%，反映出银行贷款风险可能由于经济下行的压力而增大，到 2016 年不良贷款率有所改善，下降为 1.51%。

2. 中国证券业安全状况不断恶化，需引起高度警惕

从我国证券业安全程度的总体表现看，自 2001 年开始，我国证券业的安全状况表现出持续恶化趋势，并于 2009 年达到历史最低水平，为 64.43，之后两年证券业的安全状况显著提升至 2011 年的 89.14，处于历史高位，但自那以后，证券业安全指数逐年递减至 2016 年的 73.92，显示出证券行业安全程度不断恶化，应当引起决策者对证券市场风险的注意和警惕。

从分项指标来看：第一，Z 值于 2003 年达到历史最高，随后逐年下降，于 2009 年达到最低值。之后，Z 值总体表现出逐年升高的趋势，这种稳定程度的改善在 2011 年达到一个阶段的最高值，此后 Z 值逐年下降，反映出稳定程度有所恶化。2016 年，Z 值较前一年有所下降，但下降幅度较小，至历史相对低点。我们根据 Z 值的构成，发现其波动受到平均资本充足率下降影响，该指标在 2016 年较前几年下降明显，反映出该年证券杠杆风险仍然是个问题。第二，资本充足率水平总体上表现出先下降后升高的趋势，特别是在 2009—2012 年从 0.16 上升到 0.41，反映出证券公司对于负债的依赖程度下降，而使用自有资本提供信贷的能力上升。但是，2012 年后证券资本充足程度呈逐年下降趋势，2015 年下降至 0.24 的阶段性低点，虽然 2016 年相对于 2015 年有小幅回升，但从整体上看仍然显示证券行业负债水平处在一个相对的高位。第三，资本收益率自 2005 年跌入谷底以来呈上升趋势，在 2007 年达到历史相对高点后迅速回落，2009 年有所平缓以后又继续下滑。在 2011 年达到阶段性低点后开始呈现上升态势，但 2016 年证券行业 7% 的平均资本收益率相比于前一年却有所下降，说明我国证券行业在 2016 年盈利情况一般。此外，随着金融衍生品市场的不断发展以及互联网金融的兴起，各证券公司业务收入的多元化程度进一步加深。2007—2012 年，证券公司代理买卖证券业务净收入逐年下降，一些新兴业务，如财务顾问业务、投资咨询业务以及资产管理业务等收入比重逐年提高。2016 年，代理买卖证券业务收入占比出现历史新低，但是从业务收入构成来看，2016 年经济业务收入依然是主力，含金量较高的投行和投资业务收入表现则不够耀眼。

3. 中国保险业的金融安全水平有所下降

2016 年保险业安全情况较前年相比有所下降，从 2015 年的 85.08 下降至 79.65。从我国保险业安全程度的总体表现看，自 2000 年开始，我国保险业的安全状况表现出逐渐恶化趋势，直到 2006 年情况才有所改善，并在 2007 年达到阶段性的高峰，为 94.23。在此之后又呈整体向下的走势，2012 年达到相对低点 73.08，之后情况又逐步改善。但 2016 年呈现

出的下降趋势，应当引起决策者对保险市场风险的注意和警惕。

从分指标来看，行业稳定指数和发展指数呈现出极为类似的走势：两个指标均自 2003 年开始下滑，至 2005 年开始反弹，直至 2007 年和 2008 年达到相对高点，随后又开始下滑，因为行业发展进入困境，行业稳定水平持续下降，于是 2012 年达到相对低点。直到 2013 年，情况才初步好转。2014 年，发展形势继续向好。2015 年，两个指标均稳中有升。而 2016 年发展指数虽略有提高，但是稳定指数却下降幅度较大，导致总体安全指数相比前一年有明显下降。

（三）2016 年我国金融市场安全状况总体回升，但债券市场安全状况继续下降

如图 1 - 4 所示，2007 年金融市场安全指数达到低点，这主要与当时股票市场的巨幅波动相关；在 2007 年时点上，债券市场变化幅度不大，但股票市场的安全性显著下降，进而导致金融市场安全综合指数趋于下降，金融安全性降低。与此同时，2015 年金融市场安全综合指数相对于其他年份下降明显，2015 年，股票市场历经暴涨暴跌行情，衍生品市场和债券市场受到股票市场巨幅波动拖累。三大市场的表现导致金融市场安全综合指数大幅降低，金融安全性骤降。而在 2016 年，随着相关监管措施陆续出台并发挥功效，股票市场风险以及衍生品市场风险继续降低，金融安全性上升。但债券市场中部分债券收益率走低，导致债券市场金融安全性下降。不过综合来看，得益于相关监管措施的陆续到位，金融市场整体安全性在 2016 年有所上升。

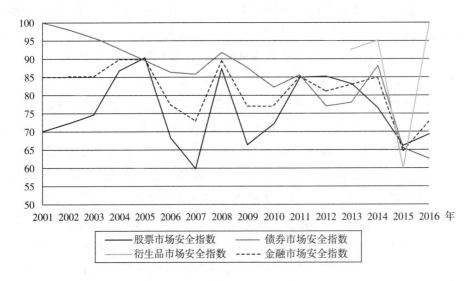

图 1 - 4　金融市场安全指数

（四）我国房地产市场安全状况总体表现良好，较 2015 年、2016 年房地产安全指数出现小幅下降

总体来看，如图 1 - 5 所示，我国房地产市场运行较为平稳，总体保持在 80 左右的较好水平，2008 年以前房地产安全水平逐步上升，于 2008 年达到 2001 年以来的历史最高值，为 86. 28，但于 2009 年急剧下降至 75. 51，主要是由于 2008 年受次贷危机影响，国内宏观经济

景气度下降，加之从紧的货币政策影响，居民购房意愿显著降低，观望情绪浓厚。2009 年，经过房地产市场持续一年的观望期，市场累积了一批具有购房需求和购买能力的自住型和改善型消费者，而之前房价的回调为他们提供了进入市场的契机，导致出现销售过旺、市场成交活跃、房价水平不断攀升的局面。房地产市场表现出的有利可图继而吸引具有投资投机性购房需求的消费者，进一步推升房价。此外，政府为恢复经济采取的适度宽松的货币政策使得流向房地产业的信贷资金增长较快，信贷风险由此加剧。2011 年至 2016 年房地产市场安全指数逐年下降，至 2016 年的 75.79，产生的主要原因可能是房地产市场的高利润、住房的刚性需求以及渐趋宽松的信贷政策吸引房地产商不断地追加投资，而近些年随着住房需求的释放，需求市场渐趋饱和，由此造成房地产市场严重的供过于求，市场风险加剧。但值得注意的是，在 2016 年"去库存，稳市场"政策主基调下，商品房待售面积出现绝对下降，市场库存风险有所缓解，但总体来看，库存压力仍然很大。

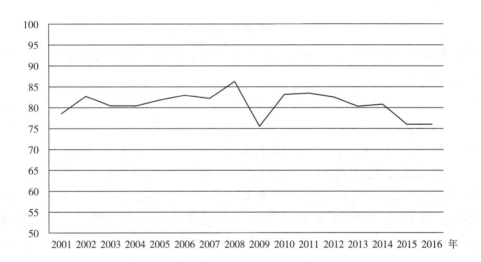

图 1-5 房地产市场安全指数

（五）我国金融风险传染性逐年增加，安全程度呈下降态势

如图 1-6 所示，除 2012 年及 2014 年出现拐点外，金融风险传染安全指数基本呈逐年降低的趋势，这一结论同金融机构风险传染安全指数和金融市场风险传染安全指数的趋势相一致；纵观最近几年国内的金融安全形势，虽然较 2008 年国际金融危机后有所好转，但仍然有恶化的趋势。自 2014 年之后经历了金融机构改革、利率市场化、股市动荡及世界经济局势不稳定等，一系列内部和外部冲击使得我国整体金融安全形势逐年恶化。特别是在 2016 年有国内股市熔断、债市暴跌、楼市暴涨及国外英国脱欧等大事件的发生，导致市场剧烈波动和资本外流，从而使得两个分类指数持续下降，反映出我国金融机构和金融市场的安全情况均出现进一步恶化。另外考虑到 2016 年可获得的数据不全，结果可能存在误差，但整体趋势仍然显示出我国的整体金融安全形势趋于恶化。

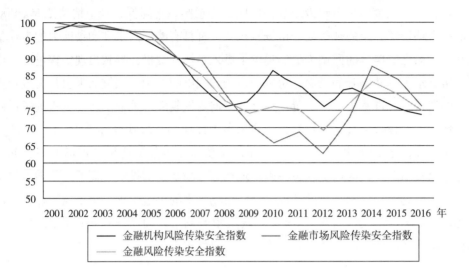

图 1-6 金融风险传染安全指数

（六）我国经济运行中存在一定金融安全隐患，2016 年经济运行安全指数略有上升，但整体评分不高

如图 1-7 所示，2001 年以来，我国经济运行安全评估状况大致可以分为四个阶段：一是 2001—2007 年，我国加入世贸组织以来，经济活力与发展动力进一步释放，经济长期发展动力与短期驱动因素逐年向好，经济运行安全指数从 2001 年的 74.99 上升至 2007 年的 84.90；二是次贷危机后，我国经济运行开始恶化，经济运行安全指数从 2007 年的 84.90 下降到 2009 年的 74.12；三是次贷危机后的恢复时期，由于大规模刺激政策的影响，我国经济迅速好转，经济运行安全指数从 2009 年的 74.12 上升至 2010 年的 81.74；四是转型阵痛期导致我国经济运行恶化，从 2010 年的 81.74 迅速下降到 2016 年的 74.16，相比于 2015 年

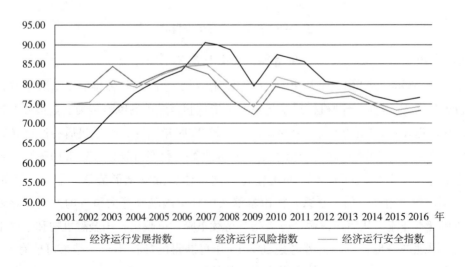

图 1-7 经济运行安全指数

的 73.27，2016 年我国经济运行安全指数略有上升，但是整体评分不高。

相比于 2015 年，我国经济运行安全状况虽然整体有所好转，但是风险依然存在，安全问题依然严峻，主要体现在以下几方面：第一，总杠杆率风险进一步加剧，总杠杆率指数从 2015 年的 65.50 下降至 2016 年的 60.00，全社会杠杠率结构性矛盾凸显；第二，住户部门债务水平持续上升，居民偿债能力下降，导致住户部门风险加剧；第三，公共部门风险指数持续下降，从 2015 年的 75.29 跌至 2016 年的 68.39，降至"危险区域"。

（七）国际金融市场环境动荡频繁，2016 年我国金融安全形势不容乐观

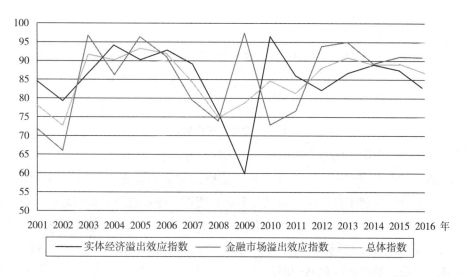

图 1-8　主要经济体溢出效应指数

如图 1-8 所示，全球主要经济体对我国金融安全的冲击主要表现在次贷危机期间。溢出效应指数从 2003—2006 年的 90 以上，骤降到 2009 年的 78.71，也是评估期间的最低值，这意味着次贷危机在海外产生的负面冲击对我国经济造成巨大影响，溢出效应恶化了我国金融市场的总体风险水平；而在 2009 年之后，随着各国强刺激措施的出台，美日欧等经济体逐渐复苏，这对于稳定世界经济预期产生了积极作用，同时也改善了我国周遭的国际环境，金融安全指数逐渐恢复到金融危机前的水平。但是 2016 年相较于 2015 年而言，溢出效应指数有所下滑，由于各国经济恢复程度不如预期，美国退出 QE 之后进入加息通道，同时特朗普当选美国总统带来的通货膨胀效应使美元汇率和美股指数持续走强，使得中国在外部需求不足的情况下又面临着较强的人民币贬值预期。在复杂的国际经济氛围下，经济转型压力和 2015 年股灾对金融市场改革带来的不确定性都恶化了我国整体金融的安全状况，总体而言，较之 2015 年，我国 2016 年的金融安全形势不容乐观。

（八）我国金融自主权总体来说呈现明显上升趋势，但 2016 年出现小幅回落

1. 当前我国货币主权风险总体可控。2000 年以来，我国货币替代率整体不断减小，体现了居民持有人民币的信心不断增加，货币政策在调控上的独立性总体在 70 左右波动，体现了我国货币政策调控仍然能以我国宏观经济形势为主要依据，但是也受到一些美国货币政

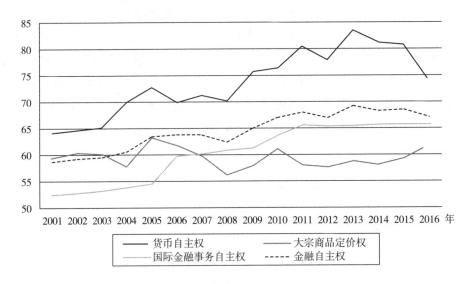

图 1-9   金融自主权指数

策的影响。人民币的国际影响力有所提高，但国际化程度仍然不足。

2. 大宗商品定价权仍然较弱。我国多种大宗商品均面临着定价权缺失的局面，整体上我国大宗商品定价权现状不容乐观。而现货市场和期货市场发展的诸多不足也制约着我国增强自身国际大宗商品定价权的步伐。从动态比价指标上看，自 2012 年以来我国大宗商品定价权得分稳步提升，2016 年同比提升了 2.4 分，但这主要源于市场不景气，国际大宗商品价格的下跌，而我国的定价权仍然较弱。

3. 国际金融话语权继续提升，但与我国经济整体实力严重不相称。虽然我国目前 GDP按购买力平价算，已排名世界第一，而且是美国国债的最大债主，并且政治影响力也在提升，但我国在国际金融事务中的话语权并不乐观。尤其是目前重要的三大国际金融组织中，IMF、世界银行和 BIS，我国的话语权得分都不高，IMF 和世界银行基本上还是以美国为主导的机构，我国的利益诉求还无法从现有的投票权中得到体现。但从亚洲基础投资银行的发起和成立、人民币被 IMF 纳入特别提款权（SDR）以及二十国集团（G20）领导人峰会在杭州举行等方面可以看出，我国在 2016 年中有诸多推进国际金融话语权的行动。

二、当前我国金融安全的主要隐患

与 2015 年相比，我国当前金融风险隐患主要体现在：第一，我国金融机构安全指数从2015 年的 81.96 下降到 2016 年的 80.10，主要体现在保险业和证券业的盈利水平下降，负债水平上升两方面。第二，房地产市场安全指数从 2015 年的 76 下降到 2016 年的 75.79，体现了房地产市场的高利润、住房的刚性需求以及渐趋宽松的信贷政策吸引房地产商不断地追加投资，使得房地产市场的风险加剧。第三，金融风险传染指数从 2015 年的 79.67 下降到2016 年的 74.89，体现了我国金融机构由于同业交易的依赖性导致的机构传染性风险大幅度提升。第四，主要经济体溢出效应指数从 2015 年的 89.22 下降至 2016 年的 86.79，说明我国金融安全形势不容乐观，体现出美国加息预期增强，欧洲政治局势动荡，日本主权债务风险不可小觑等不稳定国际局势对我国金融安全的影响。第五，较 2015 年而言，经济运行安全指数在 2016 年虽然有所好转，但全社会杠杆率持续上升给我国经济转型带来巨大压力。第六，金融自主权评估指数从 68.51 小幅下降至 67.09，体现了美元走强对我国货币调控自主权的负面影响。

（一）我国保险行业和证券行业盈利水平下降，负债水平上升

1. 我国保险行业潜在风险分析

第一，保险行业的盈利能力未跟上发展能力。从近几年保险行业的发展指标来看，保险密度、保险深度等都处于历史新高，但是其整体的盈利能力反而在 2016 年呈现出下降趋势。究其原因可能有三个方面。一是资金流出方面，2016 年保险行业赔款和给付总支出 10 512.89 亿元，同比上年增长 21.20%，这是保险行业成本增加最主要的原因；二是资金流入方面，2016 年保险行业的杠杆率进一步上升，资产负债率的提高使得企业的稳定状况下滑，并且在"偿二代"实施后高杠杆率的保险公司更容易受到监管部门的监管和限制，这会在一定程度上影响企业的盈利能力；三是投资资产的匹配性方面，2016 年保险行业除债券、股票和证券投资基金外的其他投资占资金运用的 36%，创历史新高，而这部分投资中创新投资与长期投资居多，所以比较容易导致投资组合的风险提高和资本错配，使得当期的盈利能力下降。那么，在保险行业高速发展的今天，盈利水平却跟不上发展节奏，这一问题成为保险行业中最值得关注的隐患之一。

第二，互联网保险风险显现。2016 年 10 月中国保监会联合十四个部门印发了《互联网保险风险专项整治工作实施方案》，其中保险公司通过互联网销售保险产品，进行不实描述、片面或夸大宣传过往业绩、违规承诺收益或者承担损失等误导性描述将成为互联网高现金价值业务中的重点查处和纠正对象。截至目前，已有多家公司因涉及互联网保险业务客户信息不真实等问题被叫停互联网保险业务。

第三，部分险企偿付能力不足。从 2016 年第一季度起，国内保险公司按照"偿二代"要求计算偿付能力充足率。相比以规模为导向的"偿一代"，"偿二代"以风险为导向，这使得不同风险的业务对资本金的要求出现显著变化，从而显著影响保险公司的资产和负债策略，以致出现了部分险企偿付能力不足的问题。虽然增资是解决偿付能力的最快捷方式，但要深入解决偿付能力问题，还是要调整业务结构，这对于部分偿付能力不足的险企来说是一个大的挑战。

2. 我国证券行业潜在风险分析

第一，国内外经济形势动荡。近年来，全球经济复苏乏力，各国中央银行货币政策操作频繁，大宗商品价格以及汇率、利率等金融市场价格均波动加大，全球金融市场之间的相互影响进一步加深，中国以产业转型和产业升级为目标的经济改革也步入深水区。经济环境的复杂性加剧了证券市场波动的可能性，并进而增加了证券公司业务损失或收入减少的可能性。

第二，证券行业总体盈利能力下降。由于 2016 年下半年当局开始加强证券市场监管，受到通道业务减少和债券走弱的双重负面影响，大多数的证券公司盈利情况远弱于上年同期水平。尽管我国的证券行业 2016 年相比于 2015 年的行业平均资本充足率有小幅度的回升，但是行业整体杠杆率水平仍然处在很高的水平，依旧容易造成市场的不稳定和引发金融风险。基于在短期内很难改变企业杠杆率，所以如何在较高杠杆率的情况下提高证券行业自身的盈利能力，在当前是一个棘手的问题。

第三，证券市场两极分化加剧。2016 年证券行业的市场总资产相比于 2015 年的市场总资产下降了大约 10%，但是 2016 年中国证券市场的集中度较前几年却大幅提高，前五大证券公司资产总和约占市场总资产的 40%，而前八大证券公司资产总和占市场总资产的份额已经超过五成，达 53.4%。证券行业具有一定的规模效应，大型证券公司拥有更多的资源，更易于利用业务结构多元化来抵抗市场波动带来的风险，从而在未来继续扩大自己的市场份额。相比之下，中小型证券公司则容易陷入财务困境，有着相对较高的破产风险。

（二）金融风险传染性不断增强，在适当场景下可能会加剧我国系统性金融风险的扩散

1. 在决定中国金融风险传染性的众多因素中，制度因素始终是最为重要的。过去十多年，正是中国金融体制改革最为关键的时期。无论是金融监管体系改革还是金融机构改革，抑或是证券市场改革与利率和汇率形成机制改革，或者金融创新的不断发展，其始终坚持的市场化方向和不断扩大的对外开放，以及金融全球化的大背景，都使得金融机构之间和金融子市场之间的各种相互关联关系在整体上呈现出了越来越强的趋势，这导致局部的内生性或外生性风险冲击越来越容易在金融体系内造成大面积传染，从而提高了系统性金融风险形成的可能性。2008 年金融危机的冲击和后续一系列经济金融政策的调整对上述趋势有显著影响，但这一影响就如同不会改变中国金融体制改革的总体方向一样，虽然会导致短期的波动，但并不会改变大的趋势。

2. 金融风险传染具有多层次、多通道和交互式的复杂特征，从历史发展来看，流动性问题日益成为金融机构之间和金融子市场之间越来越紧密关联的一个关键问题。一方面，由于金融本身所固有的高杠杆性，市场流动性极易快速放大和萎缩，流动性风险可以在短时期内急剧放大；另一方面，市场流动性很容易通过金融市场在不同金融机构之间、不同金融子市场之间快速周转，不仅影响各金融机构的业务经营和风险管理，也影响到市场价格和交易量。市场流动性的这种易变性和扩散性，不仅在 2008 年以来的全球性金融危机中有所体现，而且在过去几年中国金融市场出现的"钱荒"现象、2015 年证券市场的剧烈波动以及外汇市场的大幅波动等现象中都有显著体现。金融机构和金融子市场通过市场流动性越来越紧密联系起来，而这种紧密联系又使得流动性冲击更易在整个系统内快速传播，一方面这种紧密联系能使系统更容易分担流动性冲击的影响，但另一方面一旦这种冲击达到一定程度，就更容易导致系统的全面失能甚至崩溃，这种"稳健而脆弱"的特征将会是一个常态。

（三）2016 年我国经济运行中蕴含的金融安全隐患依然存在

1. 经济增长速度的长期疲软是我国当前经济运行中的最大金融安全隐患

我国经济增长出现超预期下滑，各类指标创近 20 年来的新低。2016 年 GDP 增速跌至 7%，包括 PMI 指数在内的各类经济指标的持续恶化，都标志着中国宏观经济步入严峻的下滑期。近两年内，我国最终消费支出贡献度有所回升，而资本形成额贡献度与货物和服务净出口贡献度有所下降，短时期内很难靠消费拉动经济增长。世界经济复苏在分化中呈现乏力的状况，而我国作为出口主导型经济体，受到严峻考验。而值得关注的是，中国经济本轮回落的经济低迷期与以往经济疲软有着本质的差别——中国经济在总体低迷中出现了深度的分化，这标志着中国经济步入了结构调整的关键期、风险全面释放的窗口期，同时，也意味着中国经济在低迷中开始孕育新的生机，在探底中企稳寻找新的发力点。

2. 全社会总杠杆率持续上升，给我国经济转型带来巨大压力

全社会杠杆率从 2011 年的 1.88 倍一路攀升至 2016 年的 2.64 倍，除此之外，居民部门杠杆率、金融部门杠杆率、非金融企业部门杠杆率均不断上升。全社会居高不下的债务水平，成为我国经济运行中的主要安全隐患。

截至 2016 年末，地方政府债务占政府部门总债务的比例接近 60%，债务规模不断攀升。地方债务累积扩大了结构性矛盾，地方政府负债整体上降低了社会投资效率和经济增长质量，扩大了经济发展的结构性矛盾。除此之外，高居不下的地方债务积累了庞大的金融风险，地方政府通过对控股或全资的地方金融机构的行政干预，借款垫付地方债务是转轨时期各地普遍存在的现象，地方债务向金融机构转移导致地方金融机构财务状况恶化，金融风险累积。

与 2015 年相比，住户部门债务水平不断升高，截至 2016 年末住户部门债务余额超过 33 万亿元，较 2015 年上升超过 20%，与此同时，GDP 增速仅为 6.7%，居民部门可支配收入增速仅为 9.1%，这使得居民部门的杠杆率进一步升高，偿债能力大幅减弱。

自 2010 年起，非金融企业债务占 GDP 比重较之前有明显增加，2016 年非金融企业债务占 GDP 比重由 2015 年的 116.17% 上升至 142.91%，达历史最高值，潜在的偿债风险不容小觑。此外，近年来，相比于全球新兴市场非金融企业部门 105.9% 的平均杠杆率水平，我国非金融部门的杠杆率较高，也显著高于发达经济体 88.9% 的平均水平。非金融企业的过度高杠杆，不仅导致企业深陷债务泥潭，容易引发系统性风险，同时也抑制了企业的盈利能力与发展潜力。

3. 非金融企业盈利能力下降，去杠杆效果不明显

受经济下滑和银行借贷、影子银行清理以及整体去杠杆等影响，社会融资规模增长速度有所回落，但实体经济部门杠杆率仍然过大。高杠杆致使市场对资金的渴求，易诱发资金高利率的出现，而高利率势必会影响实体经济，减少企业利润，致使资产价格泡沫，诱发系统性风险。同时，杠杆的放大作用，虽然能在经济向好时发挥增加收益的效用，但在经济低迷时，也会同时放大风险，使得经济抵御风险的能力降低。

中国企业绩效指标持续恶化，传统制造业陷入长期困顿，中国经济结构调整的市场力量已经形成。在这些产能过剩行业中，库存仍处于较高水平，在需求低迷的情况下，产能过剩状况仍在积聚。这又将导致工业品价格降幅持续扩大，抑制企业的投资和生产。其中，房地产业、建筑业的风险积聚状况需要重点进行关注。

4. 全球政治经济局势动荡，增加我国金融系统的不确定性

近年来，国际政治经济格局复杂多变，"黑天鹅"事件多发，如次贷危机、欧债危机、英国脱欧、美国大选等。金融机构和金融子市场通过市场流动性越来越紧密联系起来，而这种紧密联系又使得流动性冲击更易在整个系统内快速传播，这种流动性不仅影响各金融机构的业务经营和风险管理，也影响到市场价格和交易量。全球经济复苏乏力，各国中央银行货币政策操作频繁，大宗商品价格以及汇率、利率等金融市场价格均波动加大，全球金融市场之间的相互影响进一步加深，增加我国金融系统的不确定性。

第二章 金融机构安全评估

第一节 银行业安全评估

一、评估体系与指数构建

我们分别使用五个不同指标，来反映中国银行市场的稳定水平和发展水平。具体如下。

（一）衡量稳定水平的指标

Z值：作为银行学研究文献中常用的体现金融稳定的指标之一，Z值的经济学解释为银行距离倒闭的距离。Z值越高，反映银行倒闭的风险越低。

不良贷款率：不良贷款率被定义为不能按时归还利息和本金的贷款占贷款余额的比率。该比率越高，反映银行面临的资产损失风险越大。

坏账准备金率：银行坏账准备金对贷款余额的比率。一般认为，银行风险上升时，银行拨备的坏账准备金也相应增加。

流动性：该流动性被定义为银行持有的流动资产对总资产的比率。该值越高，反映出银行拥有更多的流动资产用于可能出现的银行挤兑压力，因此风险程度越低。

杠杆率：我们使用所有者权益对资产的比率来反映银行的杠杆率。该指标越高，反映银行的杠杆风险越低。同时，很多文献都指出，银行的自有资本率越高时，其向风险更高的客户提供贷款的动机越低，审慎程度越高。

（二）衡量发展水平的指标

资产回报率：即税后利润对总资产的比率。该指标被普遍用于衡量银行的盈利能力，该指标越高，银行的资产利用效果越好，反映银行信贷的有效配置。

资本回报率：即税后利润对银行所有者权益的比率。该指标越高，表明银行资本的利用效率越高。

非利息收入比：该指标衡量银行经营范围（或者说收入渠道）的多样化程度。如果非利息收入升高，显示银行业对传统业务的依赖程度降低，呈现更为稳健的多样化发展。

非存款负债比：该指标体现银行融资对传统储蓄的依赖，该比率上升，意味着银行融资渠道的多样化。对包括我国在内的诸多发展中国家而言，现阶段以上两个指标上升，意味着银行业的发展逐渐从传统存贷款服务，向更为多元化的阶段发展，体现发展水平的提高。

赫氏指数（HHI）：该指标为银行市场份额（以银行资产占市场总资产的比率为衡量）平方后加总。HHI越高，显示银行市场集中程度越高，竞争程度越低。尽管银行学研究文献中也使用其他反映市场竞争程度的指标（如Panzar - Rosse H指数，Lerner指数，Boone指数等），但HHI依然是最常用的反映市场结构和市场竞争的指标之一。我们认为，集中程度越低、竞争程度越高，对我国和其他发展中国家而言，显示银行业发展程度的进步。

二、银行业安全评估：基于全样本的数据分析

我们通过表2-1报告以上指标在2001—2016年的变化。

表2-1　　　　　　　　中国银行业各项金融稳定与发展指标情况

年份	Z值	不良贷款率（%）	坏账准备金率（%）	流动性（%）	杠杆率（%）	资产回报率（%）	资本回报率（%）	非利息收入比（%）	非存款负债比（%）	赫氏指数HHI
2001	21.12	14.02	2.17	22.54	9.37	0.49	8.84	8.51	6.59	0.16
2002	26.21	12.98	2.17	19.25	7.82	0.40	8.67	11.65	5.87	0.15
2003	29.45	10.13	1.88	17.81	7.52	0.41	9.44	11.66	5.47	0.14
2004	24.74	6.62	2.08	17.71	5.79	0.47	10.81	8.51	4.70	0.12
2005	17.58	5.22	2.06	19.88	5.22	0.59	11.83	8.50	3.57	0.12
2006	16.61	4.05	2.10	20.35	6.48	0.72	12.86	8.03	4.20	0.12
2007	15.05	2.62	2.06	23.48	7.77	0.93	16.14	8.87	4.38	0.11
2008	17.37	1.87	2.30	25.63	8.70	1.14	17.38	9.03	5.32	0.10
2009	21.97	1.84	2.23	27.71	11.32	0.87	13.89	9.87	4.04	0.10
2010	21.36	1.13	2.28	30.32	9.03	1.06	15.71	10.51	4.09	0.09
2011	24.40	0.94	2.41	32.15	9.19	1.21	17.13	8.93	3.71	0.08
2012	20.59	0.96	2.49	31.03	9.62	1.08	15.48	8.79	4.01	0.08
2013	20.90	0.99	2.59	28.43	9.15	1.01	14.58	8.34	4.55	0.08
2014	22.79	1.21	2.77	25.73	9.38	1.04	13.93	10.66	4.79	0.07
2015	24.62	1.60	3.19	22.21	9.79	0.80	11.22	13.48	6.03	0.07
2016	28.23	1.51	3.19	18.35	10.06	0.86	11.14	14.36	6.39	0.08

为了更直观地观察每一个分项指标在2001—2016年的变化，我们在对指标进行同向化处理后，使用功效系数法对其进行转化，在分别计算银行业稳定水平和银行业发展水平的均值后，我们按70:30的权重算得对银行风险程度的总体评价，分值越高代表安全程度越高、风险水平越低。具体结果如表2-2所示。

表 2 - 2　　　　　　　　　中国银行业各项金融稳定与发展指标评分

年份	银行业稳定水平指标						银行业发展水平指标						总体评价
	Z 值	不良贷款率	坏账准备金率	流动性	杠杆率	均值	资产回报率	资本回报率	非利息收入比	非存款负债比	赫氏指数 HHI	均值	
2001	76.84	65.84	91.08	73.38	87.22	78.87	64.52	67.06	68.59	100.00	60.00	79.46	79.05
2002	90.99	68.56	91.04	64.26	77.01	78.37	60.00	66.43	85.43	90.48	65.55	81.01	79.16
2003	100.00	76.01	100.00	60.27	75.10	82.27	60.70	69.39	85.52	85.14	70.29	81.64	82.08
2004	86.90	85.18	93.99	60.00	63.70	77.95	63.38	74.65	68.57	74.94	76.52	79.04	78.28
2005	67.03	88.82	94.65	66.00	60.00	75.30	69.35	78.58	68.55	60.00	77.98	78.32	76.21
2006	64.31	91.89	93.39	67.32	68.24	77.03	75.94	82.58	66.00	68.43	80.06	82.03	78.53
2007	60.00	95.62	94.51	75.98	76.72	80.57	86.46	95.72	70.53	70.74	85.38	89.11	83.13
2008	66.44	97.58	87.32	81.94	82.80	83.22	96.63	100.00	71.37	83.22	87.10	95.10	86.78
2009	79.21	97.66	89.28	87.72	100.00	90.77	83.36	86.54	75.86	66.21	88.91	87.61	89.82
2010	77.53	99.51	87.68	94.94	85.01	88.93	92.59	93.55	79.30	66.92	92.41	92.39	89.97
2011	85.95	100.00	83.93	100.00	86.49	91.18	100.00	99.02	70.83	61.96	95.01	92.80	91.67
2012	75.38	99.95	81.45	96.91	88.87	88.51	93.55	92.66	70.07	65.91	97.35	91.34	89.36
2013	76.23	99.88	78.25	89.69	85.79	85.97	90.24	89.19	67.65	73.00	98.97	91.24	87.55
2014	81.50	99.31	72.79	82.20	87.26	84.61	91.67	86.69	80.14	76.12	99.99	94.36	87.53
2015	86.56	98.28	60.06	72.46	89.99	81.47	79.80	76.24	95.28	92.59	100.00	96.21	85.89
2016	96.61	98.53	60.00	61.76	91.71	81.72	82.59	75.95	100.0	97.27	99.06	98.41	86.73

　　从我国银行业风险程度的总体表现看，自 2001 年开始，我国银行业的风险状况表现出持续改善趋势，并在 2011 年达到阶段性的峰值（91.67）。但是，在此之后逐年下降。尽管 2016 年情况有所好转，但评分分值低于 2008 年的水平，显示银行业风险程度又出现上升苗头，应当引起决策者对银行市场风险的注意和警惕。以上评价是我国银行业风险水平相对自身变化的纵向比较，下面我们关注我国的上市银行的风险水平。

三、银行业安全评估：基于上市银行数据的分析

　　下面我们关注我国的上市商业银行，作为我国银行业的代表，截至 2016 年共有 25 家银行在沪深两个证券交易所上市，其中不仅包括工农中建四大国有银行，交行、浦发、招商等股份制银行，也包含北京银行和宁波银行这样的城市商业银行。作为银行业中资产状况较好的代表，我们对其进行专门的观察和分析。

表 2 - 3　　　　　　　　中国上市银行各项金融稳定与发展指标情况

年份	Z 值	不良贷款率（%）	坏账准备金率（%）	流动性（%）	杠杆率（%）	资产回报率（%）	资本回报率（%）	非利息收入比（%）	非存款负债比（%）
2001	16.29	14.90	2.42	22.13	5.46	0.50	11.24	7.67	7.31
2002	18.25	11.61	3.15	20.01	5.17	0.38	10.98	9.85	4.85

续表

年份	Z值	不良贷款率（%）	坏账准备金率（%）	流动性（%）	杠杆率（%）	资产回报率（%）	资本回报率（%）	非利息收入比（%）	非存款负债比（%）
2003	22.96	9.35	3.22	18.78	5.66	0.43	12.11	7.59	5.52
2004	21.10	6.44	4.27	18.08	4.94	0.57	14.13	5.48	3.69
2005	11.17	5.12	2.61	21.27	6.66	0.99	9.67	7.97	3.64
2006	13.19	4.69	2.55	22.54	6.64	0.83	7.29	6.93	3.35
2007	13.17	3.54	3.42	23.26	7.06	1.19	19.64	5.80	4.77
2008	13.22	1.72	2.63	25.93	7.51	1.27	18.47	7.82	4.81
2009	17.35	1.34	2.26	25.10	7.03	1.05	18.41	10.09	4.80
2010	15.53	0.89	2.27	23.27	7.58	1.36	20.19	10.39	3.98
2011	21.14	0.73	2.40	25.32	7.69	1.31	20.15	8.71	3.60
2012	15.17	0.84	2.61	24.47	6.17	1.20	19.33	7.75	3.87
2013	18.04	0.89	2.59	19.93	6.81	1.21	18.89	7.76	6.42
2014	18.46	1.14	2.70	16.65	7.06	1.14	16.99	9.40	6.08
2015	20.23	1.45	2.94	13.27	7.14	1.02	14.93	11.39	6.46
2016	21.96	1.56	3.00	11.10	6.77	0.92	13.80	14.46	5.83

表2-4　　　　　　　　　　中国上市银行各项金融稳定与发展指标评分

年份	银行业稳定水平指标						银行业发展水平指标					总体评价
	Z值	不良贷款率	坏账准备金率	流动性	杠杆率	均值	资产回报率	资本回报率	非利息收入比	非存款负债比	均值	
2001	77.37	63.71	96.73	87.65	67.60	78.61	65.12	72.27	69.79	97.85	76.26	77.90
2002	84.02	72.14	82.28	82.34	63.35	76.83	60.00	71.44	79.46	74.30	71.30	75.17
2003	100.00	77.93	80.84	79.26	70.55	81.72	62.17	74.95	69.42	80.73	71.82	78.75
2004	93.69	85.37	60.00	77.50	60.00	75.31	67.85	81.22	60.00	63.29	68.09	73.14
2005	60.00	88.76	93.06	85.49	85.05	82.47	84.80	67.39	71.11	62.78	71.52	79.19
2006	66.85	89.86	94.13	88.68	84.78	84.86	78.21	60.00	66.48	60.00	66.17	79.26
2007	66.79	92.81	76.96	90.49	90.85	83.58	93.01	98.29	61.45	73.54	81.57	82.98
2008	66.96	97.45	92.56	97.18	97.36	90.30	96.07	94.66	70.43	73.98	83.78	88.35
2009	80.97	98.43	100.00	95.10	90.43	92.99	87.34	94.49	80.57	73.82	84.06	90.31
2010	74.79	99.57	99.61	90.51	98.36	92.57	100.00	100.00	81.88	65.98	86.97	90.89
2011	93.83	100.00	97.06	95.64	100.00	97.30	97.91	99.88	74.41	62.34	83.64	93.20
2012	73.57	99.71	92.88	93.52	77.94	87.52	93.18	97.34	70.13	64.95	81.40	85.68
2013	83.31	99.57	93.31	82.13	87.21	89.11	93.82	95.98	70.15	89.33	87.32	88.57
2014	84.73	98.95	91.16	73.93	90.88	87.93	90.73	90.07	77.49	86.07	86.09	87.38
2015	90.74	98.14	86.43	65.44	92.03	86.56	86.18	83.70	86.35	89.74	86.49	86.54
2016	96.61	97.87	85.17	60.00	86.60	85.25	82.05	80.20	100.00	83.70	86.49	85.62

从我国上市银行业风险程度的总体表现看，与全样本的银行业风险程度趋势大致相同，说明上市银行对全样本有较强的代表性。自 2000 年开始，我国上市银行的风险状况表现出持续改善趋势，并在 2011 年达到阶段性的峰值 93.20。但是，在此之后逐年下降，尽管 2013 年情况有所好转，但 2014 年又接着下滑，至 2016 年，评分分值甚至低于 2008 年的水平，显示银行业风险程度又出现上升苗头，应当引起决策者对银行市场风险的注意和警惕。下面我们通过各项具体指标来分析我国的上市银行与全样本银行业的对比情况。

四、银行业安全评估：全样本与上市银行数据的比较分析

（一）中国银行业稳定水平分析

我们首先用 Z 值观察银行市场的稳定程度。Z 值是银行学文献中经常使用的一种衡量银行稳定的指标，其具体构建为

$$Z = \frac{ROA + EA}{\sigma(ROA)}$$

其中，ROA 代表各银行的平均资产回报率（%）。EA 代表平均资本充足率（%），我们使用所有者权益（equity）对总资产的比率进行估算。代表各年度银行 ROA 数据的标准差。没有采用常见的风险加权资产，是为了克服资产风险的估计受资产规模较大的银行权重影响，可能出现低估银行业整体风险的问题。图 2-1 为我国银行业 Z 值在 2001—2016 年的变化情况。

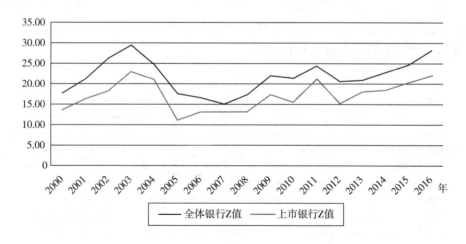

图 2-1 银行业 Z 值 （2001—2016 年）

可以看到，Z 值于 2003 年达到最高，随后下降，于 2007 年达到最低值。之后，Z 值总体表现出升高的趋势，而从 2012 年开始，Z 值又发生显著的下降，反映出稳定程度恶化，直到 2014 年有所回升。我们根据 Z 值的构成，发现其波动受到 ROA 和 EA 的共同影响，二者在 2016 年都较前两年有所降低，反映出该年银行盈利水平的改善以及杠杆风险的下降。在与我国上市银行的平均 Z 值进行比较后，我们发现，中国银行业的 Z 值甚至高于上市银行

的 Z 值,反映出上市银行也许因"太大而不能倒"而采取风险承担行为。

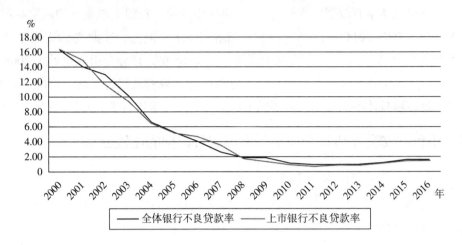

图 2 - 2 银行业不良贷款率(2001—2016 年)

我们接下来使用更为传统的银行不良贷款率观察银行的稳定程度。不良贷款率的趋势变化显得更为明显,反映出持续改善的过程,从 2000 年平均不良贷款率高达约 16.25%,逐年减少到 2011 年平均不足 1%,体现出我国银行业改革中呆坏账剥离对银行风险的显著改善,以及银行对不良贷款风险控制水平的逐步提高。但是,2011—2015 年我国银行的平均不良贷款率出现上升,到 2015 年为 1.60%,反映出银行贷款风险可能由于经济下行的压力而增大,到 2016 年不良贷款率有所改善,下降为 1.51%。上市银行的不良贷款率在绝大部分年间低于银行业平均水平,特别是 2007 年以后。以 2015 年为例,上市银行平均不良贷款率为 1.45%,低于银行业平均水平 1.60%。

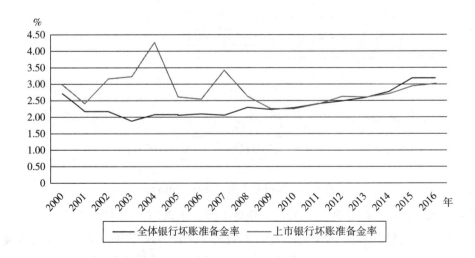

图 2 - 3 银行坏账准备金率(2001—2016 年)

我国的坏账准备金率稳定基本稳定在 2% ~3% 的区间之内。但自 2009 年后,我国的坏账准备金率逐渐升高,到 2016 年上升到 3.19%。这一趋势一方面表现出银行面临的潜在风险可能上升，迫使银行提高坏账准备，另一方面也表现出银行应对可能出现的损失的能力有所增强。就坏账准备金率方面，上市银行和银行业平均水平在近年来非常相似，这说明在这一方面上市银行对我国银行业的普遍情况有较高的代表性。在金融危机之前，上市银行坏账准备金率远远大于银行业平均水平，由于在 2009 年之前我国的上市银行数量稀少，数据难免有离差较大的瑕疵。

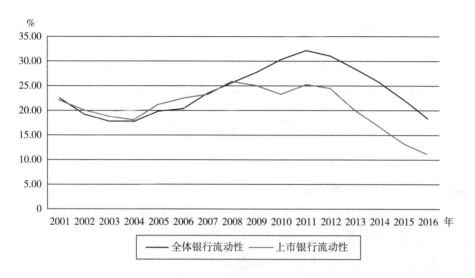

图 2-4　银行业流动性（2001—2016 年）

　　银行业的平均流动性经历先下降再上升的变化，特别是自 2004 年到 2011 年，流动性表现出持续上升，反映出银行资产并未过度集中于风险更高的贷款，同时体现出银行有更多的资源可以满足储户提取存款的需求。另一方面，流动资产比重的提升，有利于银行获得更为安全稳定的收益，同时降低银行的融资成本。不过，我们注意到 2012 年后，银行业的平均流动性出现明显的下降，到 2016 年持续下降至 18.35%。相比我国银行流动性的波动，上市银行平均流动性显得更加稳定，但自 2012 年起，也呈现逐年下降态势，上市银行的流动性水平低于银行业平均水平。2016 年，上市银行流动资产占总资产的比率为 11.10%，而银行业的平均流动性为 18.35%，这说明上市银行将更多的资产分配给了流动性风险相对更高的贷款。

　　与许多研究文献一致，我们使用杠杆率衡量银行业的资本充足程度，发现银行业平均杠杆率总体上表现出先下降后升高的趋势，特别是在 2005—2009 年从 5.22% 上升到 11.32%，反映出银行对于负债的依赖程度下降，而使用自有资本提供信贷的能力上升。但是，2009 年后银行资本充足程度有所下降，2010 年至 2016 年间杠杆率较为平稳，2016 年为 10.06%。上市银行的资本充足程度明显低于银行业平均水平，比如 2016 年，以杠杆率作为衡量，上市银行资本充足程度平均为 6.77%，而同期我国银行业的平均水平为 10.06%。

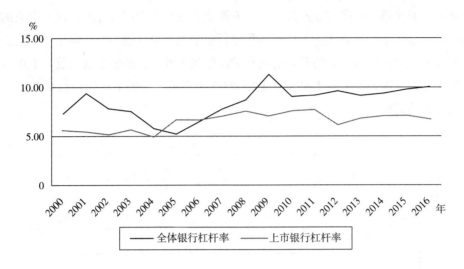

图 2-5　银行业杠杆率（2001—2016 年）

（二）中国银行业发展水平分析

下面我们讨论中国银行业发展程度的变化。为了避免使用单一指标可能带来的偏误，我们同样使用五个分指标衡量银行业各方面的发展水平。

第一，我们使用的分指标是银行资产回报率（ROA），我们按银行资产的大小对每一银行的资产回报率进行加权，从而算得银行业的加权平均资产回报率。平均资产回报率越高，反映银行业的经营状况和盈利水平越高。

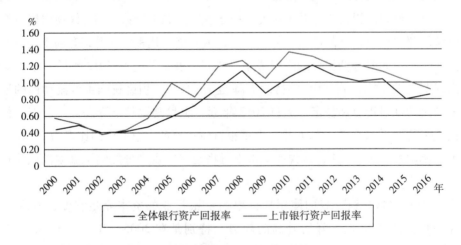

图 2-6　银行业加权平均资产回报率（2001—2016 年）

我们发现银行业平均资产回报率表现出持续上升的趋势，显示出银行经营状况的改善，使得资产得以更有效地被利用，为银行创造更高的收益。但是在 2010 年后，平均资产回报率的上升势头趋缓甚至略有下降，显示银行收益较以往降低。2015 年下降至 0.80%，为自 2009 年后的最低水平，但在 2016 年有所回升，至 0.86%。上市银行的资产回报率趋势与整个银行业相一致，但绝对值始终领先于银行业整体。

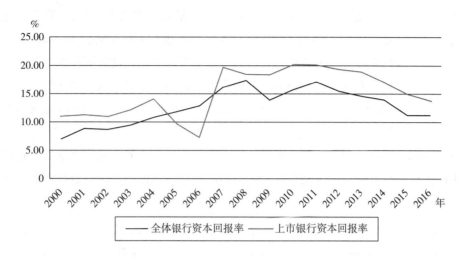

图 2 - 7　银行业加权平均资本回报率（2001—2016 年）

　　第二，我们使用类似的指标，即银行业加权平均资本收益率来观察我国银行业的发展状况。总体上看，平均资本回报率与平均资产回报率的趋势非常相似，都表现出上升的趋势。由于银行自身资本充足程度的提升，使得资产与资本比率降低（ROE/ROA 减小）。同样，在 2011 年后，平均资本收益率也出现较为明显的降低，显示银行经营状况出现持续恶化，2015 年下降至 11.14%。以上两个指标显示，就银行业的经营收益而言，我国银行业近年来走势持续下降。

　　第三，我们使用非利息收入占总收入的比率，来观察银行经营范围的多样化程度。更高的非利息收入，可以被理解为银行对传统业务的依赖程度降低，呈现更为稳健的多样化发展。

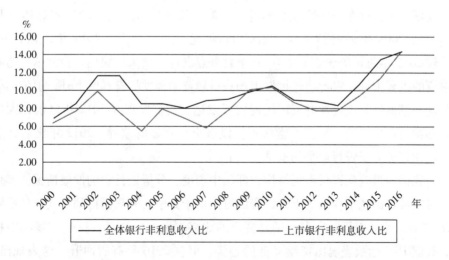

图 2 - 8　银行业非利息收入占比（2001—2016 年）

　　我们发现，我国银行业的平均非利息收入占比，总体趋势在 2012 年以前围绕着大约 10%的中间值上下波动，这被解释为我国银行业依然高度依赖传统的贷款业务，利息收入是银行的主要收入来源，而非传统业务对银行收入的贡献则较为有限。但自2012年起，该指标逐年上升，银行业整体至2016年达到14.36%，上市银行平均值达到14.46%。这显示我国银行包括上市银行在逐步拓宽盈利方式，对传统贷款业务依赖性有所降低。就非利息收入占总收入这一比率，我们发现在金融危机之后，上市银行的非利息收入占比低于银行业平均水平。以2015年为例，上市银行非利息收入比为11.39%，而银行业平均水平则为13.48%。

第四，与通过观察非利息收入分析银行收入多样化程度相似，我们观察了非存款负债在总负债中的占比，以此分析银行融资对传统储蓄的依赖。该比率越高，意味着银行融资渠道的多样化程度越高。

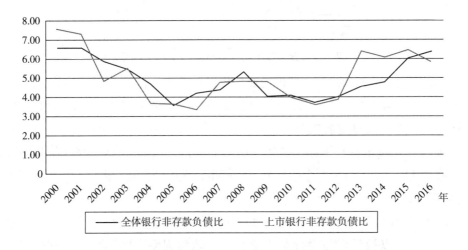

图2-9　银行业非存款负债占比（2001—2016年）

我们发现，尽管存在一些阶段性的波动，非存款负债占总负债的比率总体上并没有上升，反而是自2007年后持续下降，自2011年起，逐年回升。2016年，该指标上升至6.39%，较2015年的6.03%上升了0.36个百分点。这一结果反映出，存款依然是我国银行业获得融资的主要来源，银行通过批发市场获得融资的程度尽管有所上升，但依然处于较低水平，从这一侧面反映出批发融资市场还较不发达。我们发现在2012年之前，大多数时间上市银行和银行业的平均水平都非常接近，没有出现明显的差异。2012年之后，上市银行非存款负债比显著高于银行业平均水平。

第五，我们通过观察银行市场结构，即集中程度，分析银行业的发展情况。如果集中程度降低，可能反映出竞争程度的上升，资源可能由于竞争的升高而得到更优化的配置。我们使用HHI指数，即对银行资产占市场总资产的比率求平方后加总，反映市场集中程度。可以看到，我国HHI指数表现出持续降低的趋势，但在2016年有所回升。这表现出近15年间，我国大银行市场份额减少而中小银行市场份额相对上升，市场竞争程度不断提高。

综合以上分析，我们认为，总体而言，中国银行业的风险水平在2016年较2015年有所改善，但就各个衡量稳定和发展的分指标而言，坏账准备金率、流动性、ROA表现出恶化

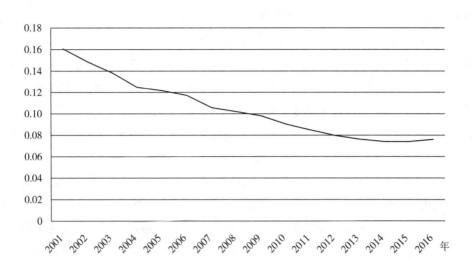

图 2 – 10　银行业赫氏指数（HHI）（2001—2016 年）

的趋势，HHI 则出现了与长期趋势相反的波动。

五、中国银行业潜在风险隐患分析

数据显示，2016 年流动性以及利润率等有所下降，同时坏账准备金率有所升高，这些都是我国银行业在 2016 年凸显出的风险，需要在 2017 年警惕进一步的恶化。目前，我国银行业所面临的主要风险表现在以下几个方面。

首先，流动性指标始终以每年 10% 左右的速度恶化，成为近些年来银行业风险的主要因素。流动性下跌背后的原因是多层次的，一是，金融危机之后"四万亿"财政扩张导致市场不能出清，仍然有大量资金流向夕阳行业、产能过剩行业，而这些行业在之后数年的经营不善使得银行难以收回贷款，甚至由于政策原因持续向相关企业输血，造成流动性的恶化，其中上市银行的流动性恶化程度甚于银行业整体，显示出国有银行可能由于政策原因加大对国有企业的贷款，从一定程度上证明了政策因素对于银行投放信贷的影响。二是，目前我国商业银行的理财业务发展迅猛，根据各券商的估计，理财业务在 2016 年末将达到 26 万亿～30 万亿元的规模，理财业务一直存在"刚性兑付"的隐性担保，银行自身实质上承担了流动性风险，部分银行为提升理财收益率，大量运用杠杆或期限错配，在理财产品到期需要偿付投资人理财收益时，将极大影响流动性。三是，根据央行公布的数据，2016 年存款类金融机构新增人民币境内贷款 1 441 518.99 亿元，中长期贷款新增 982 384.73 亿元，占比为 68.14%；在新增的中长期贷款中，住户贷款占比为 52.88%，其直接原因是 2016 年以来房地产市场持续火热，居民的资产配置偏向于房产，由此产生了较多的住房按揭贷款。从贷款余额增速来看，信贷增速实际上有所收敛，但社会融资及 M_2 增速下滑更多，这表明有一定的资金需求从表外转入表内贷款，从而降低了流动性指标。

其次，利润率的下降虽然在近两年内有所缓和，但下降的趋势仍然比较明显，2015 年以来的多次降息，使得息差缩小，伴随资产质量下行的压力，银行利润率出现了持续的下滑，根据上文的猜想，上市银行中的国有银行会对国有企业进行贷款，这些国有企业的经营状况不佳，进一步降低了上市银行的盈利水平，这在指标上体现为上市银行 ROA 和 ROE 的降低。另外，自 2016 年 5 月 1 日起，全国实行"营改增"也对银行的净利润产生了负面影响，征税税率由原来营业税制下的 5% 提升到增值税制下的 6%，"营改增"下，银行的抵扣幅度越大，税负的成本越小，但从进项抵扣规则来看，银行业可抵扣的成本占比较小，征税范围变广，从而在某种程度上也可能会增加银行业的税负。

最后，坏账准备金率的上升，对应的是银行资产质量的下降，而不良贷款率这一指标却在 2014 年以来不断改善，这两者之间反映出的事实相矛盾，背后的原因在于"影子银行"。它具有两个特征：一是从事类贷款业务；二是监管套利，规避相应的信贷业务监管。影子银行的不良贷款如同一个"黑箱"，是难以观测的，因此单单看表内的不良贷款率实际上是低估了银行资产质量的风险。

在未来，预期银行业将面临以下的挑战和机遇。

首先，去杠杆和强监管下流动性的管理变得更加困难。在 2017 年，央行决定将表外理财纳入宏观审慎评估框架（MPA），意味着曾经不受监管的表外业务现在将成为表内的广义信贷，直接影响是起到"缩表"的效果，对于正在扩大规模的中小银行来说影响最大，此外，还将直接使得银行业的流动性指标降低，因此如何在"去杠杆"的背景下，稳住流动性，是接下来银行业亟待解决的问题。但金融去杠杆本质上是为了引导资金脱虚向实，通过减少理财空转、降低实体融资成本，调整信贷结构，降低信托贷款、委托贷款之类的融资比例，从长期来看有助于降低风险。

其次，展望 2017 年，全球经济总体呈现复苏态势。中国经济目前还处在适应"新常态"的过程中，在此阶段，随着供给侧结构性改革、简政放权和创新驱动战略不断深化实施，稳定经济的有利因素逐步增多。但是，全球经济强劲增长的动力依然不足，政治经济社会领域的"黑天鹅"事件还可能较多。在经济繁荣时，借款企业的违约率下降，银行盈利的上升，使得银行的信贷安全也得以增强。反之，经济衰退意味着企业对银行信贷需求的下降，违约率上升，并可能造成银行风险的恶化，我们通过以上数据可以观察到 2016 年坏账准备金率有所上升，说明银行业已经意识到了这种风险并进行应对，从这一角度说，风险是可控的。

再次，银行化解资产质量问题有了更多可选择的方式。2016 年初以来，央行引导商业银行进行不良资产证券化，六家试点银行（中国银行、招商银行、农业银行、建设银行、工商银行、交通银行）相机发行首期不良 ABS，发行的证券规模为 73.67 亿元；此外，债转股的重启也是降低不良杠杆的途径之一，目前，四大行均成立了债转股专营全资子公司，有助于降低银行不良生成率，减少拨备，增加银行利润。

最后，中国银行体系转型变革在一定程度上也增加了银行风险。当前，存款上限和贷款下限空间已经完全打开，只有基准利率仍然存在。从长远来看，央行的工作目标是引导利率走廊的形成，而不直接控制存贷款基准利率，金融改革有利于商业银行扩大自主经营权和加快金融创新。但是短期来看，这也会对商业银行的盈利能力带来挑战。一方面，利率市场化使得银行体系为了竞争需要提高存款利率的动机不再有阻碍因素，但也迫使银行将资产更多地投向高风险领域来消化负债成本压力，银行整体的信用风险水平将趋于上升；另一方面，银行体系很可能更为依赖非核心负债，主要表现为增加来自金融市场的短期负债，而在资产端可能会转向依赖资产证券化摆脱不利竞争地位，流动性管理的难度将增加，银行体系的资产质量风险有向整个金融体系扩散的可能。

第二节 证券业安全评估

一、评估体系与指数构建

（一）引言

针对证券业的金融安全评估，我们根据证券业机构的业务特点，也从稳定和发展两个角度综合考虑，结合数据的可获得性和可比性，构建了适用的评估指数。本部分以证券公司为考察对象，但由于数据的可获得性问题，将以国内 A 股上市的证券公司作为替代。

（二）指标体系

我们使用不同指标来反映中国证券业的稳定水平和发展水平，指标定义及来源详见表 2－5。

1. 衡量稳定水平的指标

Z 值：其计算公式与银行业 Z 值的计算公式相同，分子为资产收益率和资本充足率之和，分母为资产收益率的波动，表示证券公司自有资本不能偿付利润损失的概率的倒数。Z 值的经济学解释为公司距离破产的距离，Z 值越高，表示证券公司越稳定，反映其面临的违约或破产风险越低。

资本充足率：指所有者权益对资产的比率，又称资本与资产总额比率，用来反映证券公司自有资本占总资产的比重。该比率把资本金需要量与证券公司的全部资产等相联系。一般而言，该指标越高，反映公司抵御风险的能力越高。

2. 衡量发展水平的指标

资本收益率：即税后利润对证券所有者权益，又称股东权益报酬率。该指标也可以反映公司自有资本获得收益的能力即单位资本创造多少净利润。该指标越高，表明证券公司自有资本的利用效率越高。

业务多元化程度：用行业代理买卖证券业务净收入在总收入中的比重来衡量，反映行业业务的多样化程度。就目前中国的情况来看，该指标越低，说明行业发展越脱离传统业务，通过业务创新实现多样化经营和差异化竞争的趋势，行业发展指数也就越高。由于数据可得性原因，该指标从 2007 年开始统计。

市场集中度（CR5）：我们采用市场前五大证券公司资产份额占市场总资产的比率表示。CR5 越高，显示证券市场集中程度越高，竞争程度越低。我们认为，集中程度越低、竞争程度越高，对我国和其他发展中国家而言，显示证券业发展程度的进步。由于数据可得性原因，该指标从 2007 年开始统计。

表 2－5　　　　　　　　　　　　　证券业安全评估指标定义及来源

	指标名称	指标定义	判断标准	数据来源
证券业稳定水平	Z 值	$[(ROA + CAR)/\sigma(ROA)]$	越高越好	CSMAR
	资本充足率	所有者权益（总资本）/总资产	越高越好	CSMAR
证券业发展水平	资本收益率	税后利润/所有者权益	越高越好	CSMAR
	业务多元化程度	主营业务收入/总营业收入	越低越好	证券业协会
	市场集中度	前五大公司资产份额/市场总资产	越低越好	证券业协会

二、证券业安全评估

我们通过表 2－6 报告以上指标在 2000—2016 年的变化。

表 2－6　　　　　　　　2000—2016 年中国证券业各项稳定与发展指标

年份	Z 值	资本充足率（%）	资本收益率（%）	业务多元化程度	市场集中度
2000	2.38	0.41	− 0.01		
2001	2.99	0.52	0.02		
2002	2.66	0.49	− 0.08		
2003	2.99	0.51	0.02		
2004	2.89	0.51	− 0.08		
2005	2.46	0.46	− 0.16		
2006	1.53	0.36	0.06		
2007	2.08	0.30	0.43	0.75	0.28
2008	1.18	0.23	0.11	0.71	0.28
2009	1.04	0.16	0.12	0.69	0.32
2010	1.36	0.21	0.10	0.55	0.25
2011	3.10	0.40	− 0.15	0.51	0.27
2012	2.33	0.41	0.03	0.39	0.28
2013	2.61	0.41	0.06	0.48	0.31
2014	1.63	0.27	0.04	0.40	0.31
2015	1.64	0.24	0.19	0.47	0.30
2016	1.63	0.27	0.07	0.32	0.40

接下来我们计算行业的稳定指数与发展指数，以及合成的行业安全指数。其中，行业稳定指数包括行业 Z 值和资本充足率；行业发展指数包括行业资本收益率、业务多元化程度以及市场集中度。在合成行业安全指数时，我们首先对指标进行同向化处理（将业务多元化

程度和市场集中度转换为指标），然后运用功效系数法对所有指标进行转化，在分别计算出行业稳定指标和行业发展指标均值后，按 70:30 的权重计算证券行业安全程度的总体评价，分值越高代表安全程度越高、风险水平越低。具体结果如表 2-7 所示。

表 2-7　　　　　　　　　　中国证券业各项稳定与发展指标评分

年份	证券业稳定水平指标		均值	证券业发展水平指标			均值	总体评价
	Z 值	资本充足率		资本收益率	业务多元化程度	市场集中度		
2000	86.04	87.55	86.79	70.28			70.28	81.84
2001	97.85	100.00	98.93	72.00			72.00	90.85
2002	91.53	97.21	94.37	65.03			65.03	85.57
2003	97.91	99.51	98.71	71.82			71.82	90.64
2004	96.00	98.51	97.25	64.96			64.96	87.57
2005	87.56	93.95	90.75	60.00			60.00	81.53
2006	69.46	82.38	75.92	74.99			74.99	75.64
2007	80.14	75.18	77.66	100.00	60.00	92.39	84.13	79.60
2008	62.76	67.81	65.28	78.45	64.18	91.35	77.99	69.10
2009	60.00	60.00	60.00	78.88	65.58	79.87	74.78	64.43
2010	66.24	65.21	65.73	77.54	78.60	100.00	85.38	71.62
2011	100.00	87.02	93.51	60.17	82.63	94.05	78.95	89.14
2012	85.16	88.26	86.71	72.46	93.55	91.52	85.84	86.45
2013	90.49	87.49	88.99	74.99	85.42	84.66	81.69	86.80
2014	71.55	72.01	71.78	73.51	92.26	83.04	82.94	75.13
2015	71.68	69.04	70.36	83.86	86.24	86.36	85.49	74.90
2016	71.46	72.38	71.92	75.70	100.00	60.00	78.57	73.92

从我国证券业安全程度的总体趋势看，自 2000 年开始，我国证券业的安全状况表现出周期性的变化，在 2000—2003 年、2009—2011 年这两个区间呈现上升的趋势，而在 2003—2009 年、2011—2016 年这两个区间呈现下降的趋势。从总体表现来看，安全指数在 2009 年达到历史最低水平（64.43），在此之后逐年上升，2011 年达到相对高点 89.14，之后又继续恶化。2016 年评分分值持续下降至 73.92，处于阶段性的低谷，显示证券行业安全程度不断恶化，应当引起决策者对证券市场风险的注意和警惕。以上评价是我国证券业安全水平相对自身变化的纵向比较，下面我们结合使用的具体指标逐一观察。

（一）中国证券稳定水平分析

我们首先用 Z 值观察证券市场的稳定程度。Z 值是公司金融文献中经常使用的一种衡量公司稳定的指标，其具体构建为

$$Z = \frac{ROA + CAR}{\sigma(ROA)}$$

其中，ROA 代表各公司的平均资产收益率，CAR 代表平均资本充足率，用所有者权益对总

资产的比率进行估算。$\sigma(ROA)$ 代表各公司年度 *ROA* 数据的标准差。我们首先按上面的公式计算每家公司每年的 Z 值，然后计算中国证券业的平均 Z 值。图 2 - 11 为我国证券业平均 Z 值在 2001—2016 年的变化情况。

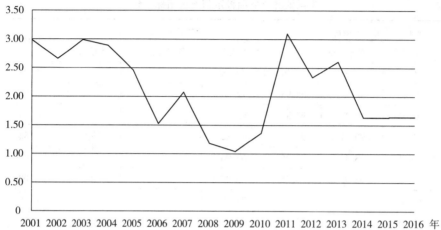

图 2 - 11　证券业 Z 值（2001—2016 年）

可以看到，Z 值从 2003 年后逐渐下降，于 2009 年达到最低值。之后，Z 值总体表现出逐年升高的趋势，这种稳定程度的改善在 2011 年达到一个阶段的最高值，而此后 Z 值逐渐下降，反映出稳定程度有所恶化。2016 年，Z 值较前一年虽有下降，但下降幅度较小，基本与 2006 年的 Z 值持平。我们根据 Z 值的构成，发现其波动受到 CAR 影响，该指标 2016 年较前几年下降明显，反映出近年来证券杠杆风险仍然是个问题。

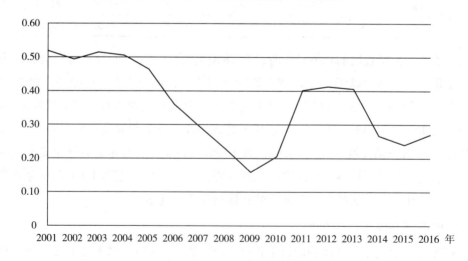

图 2 - 12　证券业资本充足率（2001—2016 年）

进一步地，我们考察资本充足率水平，发现该指标总体上表现出先下降后升高的趋势，特别是在 2009—2012 年从 0.16 上升到 0.41，反映出证券公司对于负债的依赖程度下降，而使用自有资本提供信贷的能力上升。但是，2012 年后证券资本充足程度呈逐年下降趋势，并且在 2015 年下降至 0.24 的阶段性低点。虽然 2016 年相对于 2015 年有小幅回升，但从整体上看仍然显示证券行业负债水平处在一个相对的高位。

（二）中国证券业发展水平分析

下面我们讨论中国证券业发展程度的变化。为了避免使用单一指标可能带来的偏误，我们同样使用三个分指标衡量证券业各方面的发展水平。

我们第一个使用的分指标是证券公司资本收益率，指标越高，反映证券业的经营状况和盈利水平越好。

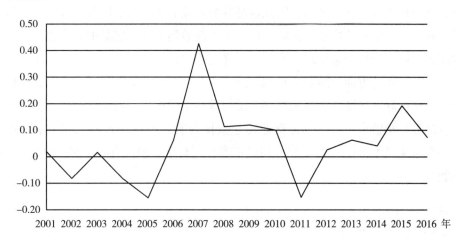

图 2 – 13 证券业资本收益率（2001—2016 年）

总体上看，资本收益率自 2005 年跌入谷底以来呈上升趋势，在 2007 年达到历史相对高点后迅速回落，2009 年有所平缓以后又继续下滑。在 2011 年达到阶段性低点后开始呈现上升态势，但 2016 年证券行业 7% 的平均资本收益率相比于前一年却有所下降，说明我国证券行业在 2016 年盈利情况一般。

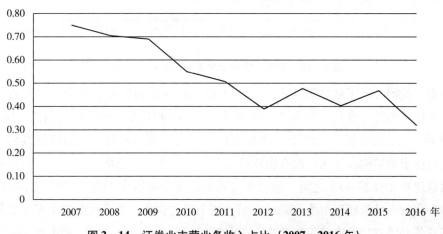

图 2 – 14 证券业主营业务收入占比（2007—2016 年）

近几年来，随着金融衍生品市场的不断发展以及互联网金融的兴起，各证券公司加快了业务收入多元化的脚步。如图 2 - 14 所示，2007 年到 2012 年间，证券公司代理买卖证券业务净收入占比逐年下降，一些新兴业务，如财务顾问业务、投资咨询业务以及资产管理业务等收入比重逐年提高。而 2012 年到 2015 年代理买卖证券业务收入占比围绕着 40% 左右波动说明市场对于新兴业务有了一定监管，证券公司代理买卖证券业务净收入保持稳定。在 2016 年，代理买卖证券业务收入占比出现历史新低，但是从业务收入构成来看，2016 年经济业务收入依然是主力，含金量较高的投行和投资业务收入表现则不够耀眼。

长期以来，我国证券行业面临内外部双重竞争。国内方面，由于证券业的主要功能是为证券投资提供交易通道与交易平台，因此各证券公司业务和产品的同质性非常强，这导致同业竞争对行业的持续发展造成不利影响。近年来，随着网上证券交易的日益普及，以及互联网证券的深入发展，交易佣金呈现出明显的下降趋势，这迫使证券公司必须开拓更广阔和更细分的业务领域。国外方面，随着中国加入 WTO，中国证券业面临加入世界贸易组织后的外部竞争，一些国际著名证券公司如高盛、瑞银等在中国设立合资公司，行业竞争格局进一步变化。就证券公司数量来看，据证券业协会数据表明，2008 年证券公司共有 108 家，后续 4 年这一数量未发生变化。2012 年，新增证券公司 6 家；2014 年，达到 119 家；2016 年，证券公司数量达到 129 家。

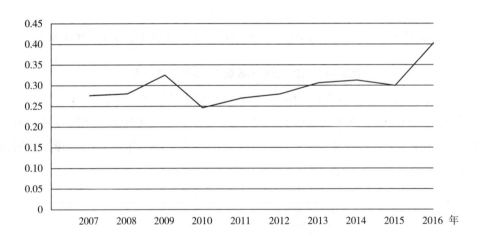

图 2 - 15　证券业市场集中度（2007—2016 年）

接下来，我们考察了自 2007 年以来按营业收入排序的前 5 家证券公司营业收入占全行业营业收入比例的时序变化。如图 2 - 15 所示，在 2009 年指标位于相对高点，随即走低；2010 年开始，占比逐步回升；2015 年指标再次下降后又明显回升，该趋势持续到 2016 年。这表明，行业市场结构在这几年没有出现特别明显的变化。一方面，前五大证券公司的市场份额大致稳定在 25% 到 40% 之间（前三大公司的市场份额则在 15% 至 20% 之间），大量中小型证券公司的市场份额还很小；另一方面，在全国证券公司数量没有发生多少变化的情况下，市场竞争并没有导致市场份额的进一步分散，相反还出现了一定的集中化。

三、中国证券业潜在风险隐患分析

2016 年，证券业实现净利润 1 234.45 亿元，处于历史一般水平。这一年，虽然中国股市试行了熔断机制，发布了减持新规，暂缓了注册制，打开了 IPO 堰塞湖，但是相对于 2015 年的暴涨暴跌，证券行业稳定指数有所回升，而发展指数却持续下滑，于是造成证券行业安全指数的下降。从中国证券业的发展现状来看，我们认为当前和未来的行业风险主要源于以下几方面。

第一，国内外经济形势动荡。近年来，全球经济复苏乏力，各国中央银行货币政策操作频繁，大宗商品价格以及汇率、利率等金融市场价格均波动加大，全球金融市场之间的相互影响进一步加深，中国以产业转型和产业升级为目标的经济改革也步入深水区。在这样的经济发展背景下，我国证券公司面临的风险在于经济环境导致证券市场行情波动，从而造成业务损失或收入减少的可能性。

第二，证券行业总体盈利能力下降。由于 2016 年下半年当局开始加强证券市场监管，受到通道业务减少和债券走弱的双重负面影响，大多数的证券公司盈利情况远弱于去年同期水平。尽管我国的证券行业 2016 年相比于 2015 年的行业平均资本充足率有小幅度的回升，但是行业整体杠杆率水平仍然处在很高的水平，依旧容易造成市场的不稳定和引发金融风险。基于在短期内很难改变企业杠杆率，所以如何在较高杠杆率的情况下提高证券行业自身的盈利能力，在当前是一个棘手的问题。

第三，证券市场两极分化加剧。2016 年证券行业的市场总资产相比于 2015 年的市场总资产下降了大约 10%，但是 2016 年中国证券市场的集中度较前几年却大幅提高，前五大证券公司资产总和约占市场总资产的 40%，而前八大证券公司资产总和占市场总资产的份额已经超过五成，达 53.4%。由于证券行业也具有一定的规模效应，大型证券公司拥有更多的资源，更易于利用业务结构多元化来抵抗市场波动带来的风险，从而在未来继续扩大自己的市场份额。相比之下，中小型证券公司则容易陷入财务困境，有着相对较高的破产风险。

此外，国内证券公司风险控制指标体系不完善、风险控制组织架构不完整等历史问题仍然需要不断地进行改善和提升，防范因其缺陷和漏洞可能带来的一系列风险。

第三节 保险业安全评估

一、评估体系与指数构建

(一) 引言

针对保险业的金融安全评估，我们根据保险机构的业务特点，也从稳定和发展两个角度综合考虑，结合数据的可获得性和可比性，构建了适用的评估指数。本部分以保险公司为考察对象。但由于数据的可获得性问题，将以国内 A 股上市的保险公司作为替代。数据主要来源于保监会以及各上市公司的历年财务年报和 IPO 招股说明书中披露的数据，并对数据的一致性和有效性问题做了必要的处理。对于早期的数据，则根据历年《中国金融年鉴》公布的保险公司经营数据做了补充与调整。

（二）指标体系

我们使用不同指标来反映中国保险业的稳定水平和发展水平，指标定义及来源详见表 2-8。

1. 衡量稳定水平的指标

Z 值：其计算公式与银行业 Z 值的计算公式相同，分子为资产收益率和资本充足率之和，分母为资产收益率的波动，表示保险公司自有资本不能偿付利润损失的概率的倒数。Z 值的经济学解释为公司距离破产的距离，Z 值越高，表示保险公司越稳定，反映其面临的违约或破产风险越低。

资本充足率：指所有者权益对资产的比率，又称资本与资产总额比率，用来反映保险公司自有资本占总资产的比重。该比率把资本金需要量与保险公司的全部资产等相联系。一般而言，该指标越高，反映公司抵御风险的能力越高。

2. 衡量发展水平的指标

保险密度：即人均保费，反映了一国居民参加保险的程度，是对保险业整体发展水平的衡量。保险密度越大，行业发展指数越高。

保险深度：即保费收入占国内生产总值的比重，反映了保险业在国民经济中的地位和发展状况。保险深度越大，行业发展指数越高。

规模增速：即保险业资产总额增长率，反映了保险业发展速度。规模增速越快，行业发展指数越高。

投资资金占比：即保险业投资组合占资金运用总额比率，反映了保险业资金运用对投资的依赖，指标越高说明对存款依赖越低，行业发展指数越高。

资产收益率：即行业净利润与总资产之间的比值，反映了行业的盈利能力。资产收益率越高，行业发展指数越高。

表 2-8　　　　　　　　　　保险业安全评估指标定义及数据来源

	指标名称	指标定义	判断标准	数据来源
证券业稳定水平	Z 值	$[(ROA + CAR)/\sigma(ROA)]$	越高越好	CSMAR 数据库
	资本充足率	所有者权益（总资本）/总资产	越高越好	CSMAR 数据库
证券业发展水平	保险密度	保费总收入/总人口	越高越好	保监会
	保险深度	保费总收入/国内生产总值	越高越好	保监会
	规模增速	资产总额增长率	越高越好	保监会
	投资资金占比	投资/资金运用总额	越高越好	保监会
	资产收益率	税后利润/总资产	越高越好	CSMAR 数据库

二、保险业安全评估

我们通过表2-9报告以上指标在2000—2016年的变化。

表2-9　　　　　　　　2000—2016年中国保险业各项稳定与发展指标

年份	Z值	资本充足率（％）	保险密度（元）	保险深度（％）	规模增速（％）	资产收益率（％）	投资资金占比（％）
2000	1.49	12.42	127.67	1.78	33.24	1.00	51.34
2001	1.40	11.52	168.98	2.20	34.75	0.94	47.85
2002	0.99	10.65	237.64	2.98	41.47	0.64	47.84
2003	0.96	12.08	287.44	3.30	40.46	0.60	47.93
2004	0.64	7.99	332.16	3.39	30.44	0.60	52.95
2005	0.55	7.52	375.64	2.70	20.30	0.34	63.35
2006	1.54	8.79	431.30	2.80	24.92	1.07	66.33
2007	2.89	14.67	532.42	2.93	17.24	2.04	75.60
2008	1.35	11.39	740.66	3.25	59.38	0.91	73.53
2009	2.61	12.07	831.00	3.32	21.59	1.85	71.89
2010	2.29	11.05	1083.20	2.70	24.37	1.62	69.79
2011	1.58	10.37	1197.20	3.00	19.00	1.09	68.06
2012	1.09	10.18	1143.80	2.98	22.22	0.72	65.80
2013	1.60	9.81	1265.67	3.03	12.77	1.11	70.55
2014	1.80	10.90	1479.00	3.18	22.57	1.25	72.88
2015	2.16	11.36	1766.49	3.59	21.66	1.51	78.22
2016	1.44	10.45	2258.00	4.16	22.31	0.98	81.45

接下来我们计算行业的稳定指数与发展指数，以及合成的行业安全指数。其中，行业稳定指数包括行业Z值和资本充足率；行业发展指数包括保险密度、保险深度、规模增速、资产收益率和投资资金占比。在合成行业安全指数时，我们首先运用功效系数法对所有指标进行转化，在分别计算出行业稳定指标和行业发展指标均值后，按70∶30的权重计算证券行业安全程度的总体评价，分值越高代表安全程度越高。具体结果如表2-10所示。

表2-10　　　　　　　　中国保险业各项稳定与发展指标评分

年份	保险业稳定水平指标		均值	保险业发展水平指标					均值	总体评价
	Z值	资本充足率		保险密度	保险深度	规模增速	资产收益率	投资资金占比		
2000	76.07	87.43	81.75	60.00	60.00	77.57	75.59	64.17	67.47	77.47
2001	74.46	82.37	78.41	60.78	67.06	78.86	74.13	60.02	68.17	75.34
2002	67.40	77.51	72.46	62.06	80.17	84.63	66.98	60.00	70.77	71.95
2003	66.91	85.52	76.21	63.00	85.55	83.76	66.12	60.12	71.71	74.86
2004	61.40	62.65	62.02	63.84	87.06	75.16	61.35	66.09	70.70	64.63

续表

年份	保险业稳定水平指标		均值	保险业发展水平指标					均值	总体评价
	Z值	资本充足率		保险密度	保险深度	规模增速	资产收益率	投资资金占比		
2005	60.00	60.00	60.00	64.66	75.46	66.46	60.00	78.46	69.01	62.70
2006	76.77	67.11	71.94	65.70	77.14	70.43	77.18	82.00	74.49	72.71
2007	100.00	100.00	100.00	67.60	79.33	63.84	100.00	93.04	80.76	94.23
2008	73.67	81.65	77.66	71.51	84.71	100.00	73.33	90.58	84.02	79.57
2009	95.21	85.43	90.32	73.21	85.88	67.57	95.62	88.62	82.18	87.88
2010	89.75	79.75	84.75	77.94	75.46	69.95	90.17	86.13	79.93	83.30
2011	77.50	75.96	76.73	80.08	80.50	65.35	77.56	84.07	77.51	76.96
2012	69.18	74.87	72.03	79.08	80.17	68.11	68.94	81.38	75.54	73.08
2013	77.95	72.82	75.39	81.37	81.01	60.00	78.17	87.03	77.51	76.03
2014	81.37	78.89	80.13	85.37	83.53	68.41	81.47	89.80	81.72	80.60
2015	87.43	81.50	84.46	90.77	90.42	67.63	87.68	96.16	86.53	85.08
2016	75.19	76.39	75.79	100.00	100.00	68.19	75.13	100.00	88.66	79.65

从表 2-10 可知，2016 年保险业安全情况较前两年相比有所下降，从我国保险业安全程度的总体表现看，自 2000 年开始，我国保险业的安全状况表现出逐渐恶化趋势，直到 2006 年情况才有所改善，并在 2007 年达到阶段性的高峰（94.23）。在此之后又呈整体向下的走势，2012 年达到相对低点（73.08），之后情况又逐步改善。2015 年评分分值再次上升至 85.08，显示了近几年来保险行业安全程度的持续稳定。

从分指标来看，行业稳定指数和发展指数呈现出极为类似的走势。两个指标均自 2003 年开始下滑，至 2005 年开始反弹，直至 2007 年和 2008 年达到相对高点，随后又开始下滑，因为行业发展进入困境，行业稳定水平持续下降，于是 2012 年达到相对低点。直到 2013 年，情况才初步好转。2014 年，发展形势继续向好。2015 年，两个指标均稳中有升。而 2016 年发展指数虽略有提高，但是稳定指数却下降幅度较大，导致总体安全指数相比前一年有明显下降。以上评价是我国保险业风险水平相对自身变化的纵向比较，下面，我们结合使用的具体指标逐一观察。

（一）中国保险稳定水平分析

我们首先用 Z 值观察保险行业的稳定程度。Z 值是公司金融文献中经常使用的一种衡量公司稳定的指标，其具体构建为

$$Z = \frac{ROA + CAR}{\sigma(ROA)}$$

其中，ROA 代表各公司的平均资产收益率，CAR 代表平均资本充足率，用所有者权益对总资产的比率进行估算。$\sigma(ROA)$ 代表各公司年度 ROA 数据的标准差。我们首先按上面的公式计算每家公司每年的 Z 值，然后计算中国保险业的平均 Z 值。图 2-16 为我国保险业平均 Z 值在 2001—2016 年的变化情况。

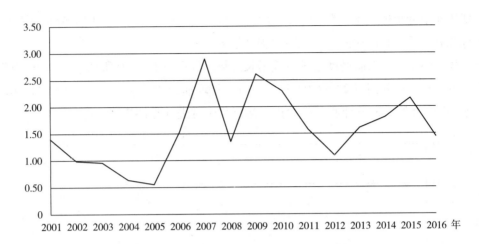

图 2 - 16 保险业 Z 值 (2001—2016 年)

可以看到，Z 值于 2005 年达到历史最低，随后上升，于 2007 年达到最高值。2008 年全球金融危机，Z 值迅速回落。2009 年，Z 值回升至相对高点，而 2010 年以后又不断下行，至 2012 年后 Z 值逐年上升，直到 2016 年再次出现下降。我们根据 Z 值的构成，发现其波动受到 ROA 和 CAR 的共同影响，二者在 2016 年都较前一年有所降低，反映出该年保险盈利水平的降低以及杠杆风险的提升。

我们发现保险业平均资本充足率总体上表现出先下降后升高再下降的趋势（见图 2 - 17）。行业资本充足率在 2007 年上升到历年最高水平，之后随着行业发展的趋缓和资本市场的下滑，行业资本充足率也开始逐年下滑，直至 2014 年，资本充足率才较前一年有所提高。2015 年，继续稳步上升。2016 年，再一次出现了下降，较 2015 年下降了 8%，反映出行业抗风险能力有所降低。

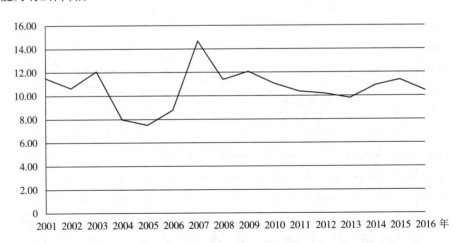

图 2 - 17 保险业资本充足率 (2001—2016 年)

（二）中国保险业发展水平分析

下面我们讨论中国保险业发展程度的变化。为了避免使用单一指标可能带来的偏误，我们同样使用几个分指标衡量保险业各方面的发展水平。我们第一个使用的分指标是保险密度，指标越高，反映我国居民参加保险的程度越大。

从整体走势来看，保险密度呈现持续增长态势，仅在2012年有所回落。2016年较2015年所有上升，至历史新高点2 258.00元，较前一年增速为27.8%，是2000年127.67元的17.69倍。由此可见，2016年我国保险市场运行稳中有进（见图2-18）。

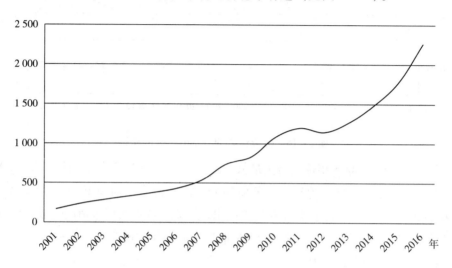

图 2-18　保险密度（2001—2016 年）

从保险深度来看，2016年保险深度较2015年所有上升，至4.16，较2015年增速为15.9%，与保险密度一样至历史新高点。从整体走势来看，保险深度波动较大，于2005年和2010年出现负增长，尤其2010年下降至历史较低水平。自2012年起，该指标有所回升，但增速比保险密度指标慢（见图2-19）。

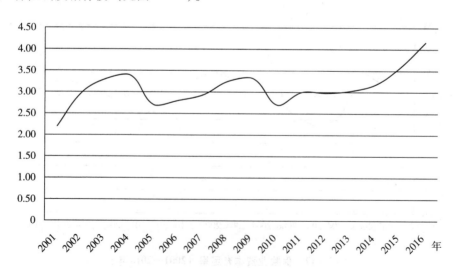

图 2-19　保险深度（2001—2016 年）

2016年底，全行业保险保费收入和资产总额较2015年增加27.50%和22.31%，由此可见2016年保险业务实现高速增长，继续保持强劲势头。就总体趋势而言，资产总额增速波动较大，2008年增速明显加快，较2007年规模增长近60%，后逐渐放缓，每年保持在20%左右的增速，直至2013年，增速下降至历史较低水平，约13%。2014年至2016年间资产增速均保持在20%以上（见图2-20）。

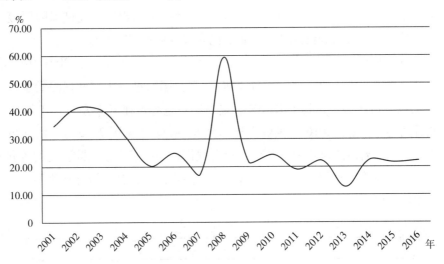

图2-20 保险业资产规模增速（2001—2016年）

就保险行业资产收益率整体走势来看，资产收益率于2007年出现历史高点之后，在2008年出现了大幅下滑，至0.91%。2009年又反弹至1.85%，但之后又呈现出逐年下降的趋势，2012年下降至阶段性低点0.72%后又逐渐回升，增长势头良好（见图2-21）。

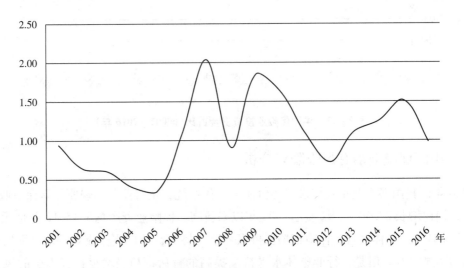

图2-21 中国保险业平均资产收益率（2001—2016年）

直到2016年，再一次出现下降，行业资产收益率仅为0.98%，较2015年的1.51%下降了35%，下降幅度较大。

基于中国金融市场和保险公司资产规模的快速发展，为了更好地在资产保值与资产增值之间寻求更好的平衡，监管部门也在不断优化保险公司在资金运用方面的规定，即在风险可控的前提下，鼓励不断拓宽保险资金运用的渠道和范围，充分发挥保险资金长期性和稳定性的优势，为国民经济建设提供资金支持。2014年以前，保监会陆续出台一系列规定，允许保险资金投资于股票、基金、国家级重点基础设施项目、商业银行股权、不动产、股指期货等金融衍生产品等金融资产。2014年，保监会又出台一系列规定，允许保险资金投资于创业板上市公司股票、集合资金信托计划、企业优先股、创业投资基金。

从数据来看，保险公司在资金余额运用方面，投资资金占比在2004年开始就高于50%，说明投资规模要大于银行存款。自2006年起，国家进一步放开保险资金投资范围之后，2007年的投资占比甚至达到了75.6%，之后则一直稳定在70%左右，在2012年回落至65.8%，此后又逐年上涨。2016年投资占比达到81.45%（见图2-22）。由此可见，投资在资金运用方面扮演着越来越重要的角色，投资规模的不断扩大使保险公司的盈利能力和利用市场化产品进行风险管理的能力显著提升。值得注意的是，如果资金运用不当，也可能会带来更高的市场风险。

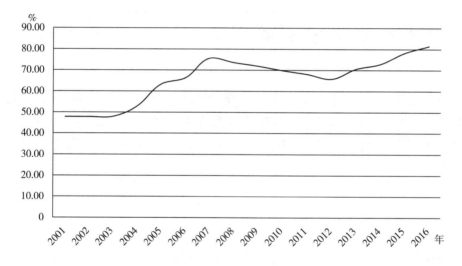

图2-22　中国保险业投资资金占比（2001—2016年）

三、中国保险业潜在风险隐患分析

2016年，我国保险业正式切换至偿付能力二代系统，全行业共实现原保险保费收入3.1万亿元，同比增长27.50%，增速创2008年以来新高。保险业资产总量15.12万亿元，较年初增长22.31%。总体来看，保险市场保持强劲增长势头，结构调整成效显现，助实体、惠民生能力明显提升。但是，行业整体水平持续提高的背后，却仍然存在着不少的风险和隐患，给保险监管者和保险市场各主体都带来了一定的挑战。

首先，保险行业的盈利能力未跟上发展能力。从近几年保险行业的发展指标来看，保险密度、保险深度等都处于历史新高，但是其整体的盈利能力反而在2016年呈现出下降趋势。究其原因可能有三：一是资金流出方面，2016年保险行业赔款和给付总支出10 512.89亿元，同比去年增长 21.20%，这是保险行业成本增加最主要的原因；二是资金流入方面，2016 年保险行业的杠杆率进一步上升，资产负债率的提高使得企业的稳定状况下滑，并且在"偿二代"实施后高杠杆率的保险公司更容易受到监管部门的监管和限制，这会在一定程度上影响企业的盈利能力；三是投资资产的匹配性方面，2016 年保险行业除债券、股票和证券投资基金外的其他投资占资金运用的 36%，创历史新高，而这部分投资中创新投资与长期投资居多，所以比较容易导致投资组合的风险提高和资本错配，使得当期的盈利能力下降。那么，在保险行业高速发展的今天，盈利水平却跟不上发展节奏，这一问题必然是保险行业中最值得关注的隐患之一。

其次，互联网保险风险显现。2016 年 10 月中国保监会联合十四个部门印发了《互联网保险风险专项整治工作实施方案》，其中保险公司通过互联网销售保险产品，进行不实描述、片面或夸大宣传过往业绩，违规承诺收益或者承担损失等误导性描述将成为互联网高现金价值业务中的重点查处和纠正对象。截至目前，已有多家公司因涉及互联网保险业务客户信息不真实等问题被叫停互联网保险业务。

最后，部分险企偿付能力不足。从 2016 年第一季度起，国内保险公司按照"偿二代"要求计算偿付能力充足率。相比以规模为导向的"偿一代"，"偿二代"以风险为导向，这使得不同风险的业务对资本金的要求出现显著变化，从而显著影响保险公司的资产和负债策略，以致出现了部分险企偿付能力不足的问题。虽然增资是解决偿付能力的最快捷方式，但想要深入解决偿付能力问题，还是要去调整业务结构，这对于部分偿付能力不足的险企来说是一个大的挑战。

另外，随着保险业的壮大，一些保险公司发展成大公司、大集团，一旦出现风险，救助难度加大，还有可能产生系统性风险。因此，防范和化解金融风险是新时期保险监管的一项重要课题。

第三章 金融市场安全评估

第一节 评估体系和指数构建

金融市场的构成十分复杂，它是由许多不同的市场组成的一个庞大体系。金融市场的发展一方面能够迅速有效地引导资金合理流动，提高资金配置效率；另一方面又具有定价功能，且金融市场价格的波动和变化促进了金融工具的创新，在实现风险分散和风险转移的同时也可能加大市场的波动性，使得金融市场的安全性有所下降。根据不同的角度，金融市场可以划分为不同的种类。从经营场所可以分为有形市场和无形市场；从交易性质可以分为发行市场和流通市场；从交割期限可以分为现货市场和期货市场；从融资交易期限可以分为资本市场和货币市场；从融资方式可以分为直接融资市场和间接融资市场；从交易标的物和交易对象可以分为货币市场、股票市场、债券市场、衍生品市场、外汇市场、票据市场、贴现市场、保险市场、黄金市场等。其中，最常见的划分方式是按照交易标的物和交易对象进行划分。

基于以上对金融市场的认识，同时考虑到在我国金融市场中的影响力以及数据的可获得性，本报告主要从股票市场、债券市场、金融衍生品市场等方面开展我国金融市场的安全性评估工作。

一、股票市场

自1990年上海证券交易所成立以来，我国的股票市场历经近三十年的高速发展，基本建立了以沪深A股市场为主体的多层次交易市场。根据Wind统计，截至2016年底，我国沪深A股市场中上市公司超过3 000家，市值规模超过50万亿元，已经成为全球最大的股票交易市场之一。

与西方发达国家不同，我国股票市场中的散户比例较高，而机构比例较低。相较于债券市场和衍生品市场，普通居民对股票市场更为熟悉、参与度更高，股票市场价格波动对居民财富和社会稳定的影响也更大，使得其安全性受到全社会的广泛关注。因此，在上述背景下，研究我国股票市场的安全性显得非常有意义。

目前，理论界和实务界从不同的角度选取、创建了大量指标来衡量我国股票市场的安全性。本报告从最基本的估值角度出发，选取使用频率最高、估值效果最好的股市市盈率和股市市值与 GDP 之比，共同衡量我国股票市场的安全性。

（一）股市市盈率

股票市场的整体市盈率大致可以判断某一时期市场价格的合理性。具体而言，股市市盈率越高，说明股价与公司收益之间的差距越大，价格高估的风险越大，降低了股市的安全性，反之亦然。本报告将当年各季度的上证综指、深证成指、中小板指和创业板指市盈率按市场规模进行加权平均，进而计算各季度的均值作为当年股市市盈率的测度指标。

（二）股市市值/GDP

股票市场的总市值衡量一国虚拟经济的规模，而 GDP 则代表着一国实体经济的规模。因此，股市市值与 GDP 之比可以度量一国经济证券化的程度。该指标越高，说明股票市场的泡沫化越严重，安全性越低。本报告用当年各季度股票市场总市值与 GDP 之比的均值作为对应的衡量指标。

二、债券市场

由于我国债券市场的准入门槛较高，使得债券市场中，机构投资者占主体，而个人投资者很少。这一特点对我国的债券市场造成了正反两方面的影响：一方面，相较于个人投资者，机构投资者掌握更多的价格信息和专业知识，其交易行为更加理性，减少了市场交易噪音，使得债券市场的特征如期限结构、收益率曲线包含了丰富的市场信息；另一方面，由于缺少个人投资者，导致我国债券市场的交易很不活跃，这不仅可能造成交易价格的失真，也会限制我国债券市场的发展。

作为我国资本市场的重要组成部分，债券市场的发展受到政府部门的高度重视和大力支持。从总体上看，虽然目前我国债券市场的发行规模和存量规模都已十分庞大，但由于其准入门槛高、监管严格、运作规范，因此债券市场的整体风险较小，安全性较高。值得注意的是，随着未来我国经济步入"新常态"，经济增速逐渐放缓和结构性调整加快，会使得一些传统产业、过剩产业面临转型压力，这会影响相关行业债券的安全性。因此，债券特别是风险债券的安全性，是未来相当长一段时间内，理论界和实务界需要高度关注的问题。

不同类型的债券在信用风险上存在明显差异。国债、金融债有政府、金融机构作担保，风险很低；企业债需要发改委逐一审批并严格监管，风险较小；而公司债由企业自主确定其发债规模和兑付方式，因此风险相对较高。本报告将重点关注风险较高的公司债，通过公司债发行利率的变化情况来衡量我国债券市场潜在的风险，并以此制定相应的安全性指标。具体而言，本报告利用低信用级别公司债与高信用级别公司债的发行利差、债券存量规模与 GDP 之比，综合衡量我国债券市场的安全性。值得注意的是，由于我国公司债的历史不长（首只公司债出现在 2007 年），因此对应指标的时间趋势尚不明显，只能反映出相邻年份的变化情况。

（一）低信用级别公司债与高信用级别公司债的发行利差

不同信用级别的公司债在发行利率上有明显的差异。一般而言，低信用级别公司债的发行利率要高于高信用级别公司债的发行利率，并且两者的差异越大，说明市场认为低信用级别公司债的违约风险越大，债券市场的安全性越低。因此，低信用级别公司债与高信用级别公司债之间的发行利差，是从同品种债券的角度衡量了我国债券市场的安全性。考虑到目前我国公司债的信用评级普遍较高（最低的信用评级是 A 级），且低信用评级的公司债数量十分有限，因此本报告将 AA 级以下（不含 AA 级）的公司债均视为低信用评级的公司债，而将 AAA 级的公司债视为高信用评级的公司债，用当年度低信用评级公司债的规模加权发行利率与高信用评级公司债的规模加权发行利率之差作为对应的指标[①]。

（二）债券存量规模/GDP

虽然目前我国债券的质量普遍较高，并未发生大规模违约事件，但随着债券存量规模的扩大，会增加未来的偿债负担和压力，进而降低债券市场的安全性。因此，本报告用当年各季度各类未偿债券的存量规模与 GDP 之比的均值衡量债券市场的偿债负担，其值越大，债券市场的安全性就越低。

三、金融衍生品市场

金融衍生品是指以杠杆或信用交易为特征，在传统金融产品（如股票、债券、货币、金融市场指数等）基础上派生出来具有新价值的金融工具，如期货合约、期权合约、互换及远期协议合约等；而金融衍生品市场则是由一组规则、一批组织和一系列产权所有者构成的一套市场机制。金融衍生品市场具有风险转移、价格发现、增强市场流动等功能，能提高市场效率，分散风险以及稳定市场。

我国金融衍生品市场主要包括互换市场、远期市场、期货市场和期权市场等，而期货和期权市场的发展尤为市场所关注。2010 年 4 月 16 日，首批 4 个沪深 300 股指期货挂牌交易，这意味着我国金融期货在沉寂了近 15 年后再次登上金融市场舞台；2015 年 4 月 16 日，上证 50 以及中证 500 股指期货开始上市交易；2013 年 9 月 6 日，国债期货正式在中国金融期货交易所上市交易；2015 年 2 月 9 日，中国证监会批准上海证券交易所开展股票期权交易试点，试点产品为上证 50ETF 期权，至此，中国期权市场开始启动。

由于期权市场发展较晚，无法有效进行安全性评估，因此对于衍生品市场，本报告重点关注期货市场的安全性。基于相关文献和数据可得性，本报告将针对 5 年期国债期货和沪深 300 股指期货开展安全性评估工作，使用三类指标衡量衍生品市场的安全性，分别是波动率、风险价值 VaR 值以及预期损失 ES 值。

---

① 为了排除期限因素的影响，这里的公司债发行利率首先减去了发行日同期限国债收益率，使得不同期限的公司债具有可比性。

（一）波动率

波动率是对投资标的资产回报率变化幅度的衡量，从统计角度看，是资产回报率的标准差，其值越大，表明相应标的资产回报率变化幅度越大，整体风险水平也就越高，也即表明金融安全性越低。国债期货和股指期货的波动率都以年为单位使用日度数据进行测算。首先，基于两类产品的上市和交割特性，本报告使用当月主力合约进而实现交易日期的无缝链接①，一般而言，持仓量和成交量最大的合约是市场上最活跃的合约，因而构成主力合约；其次，国债期货和股指期货均按照保证金交易，其杠杆特性导致收益与风险也成倍放大，为体现期货合约的杠杆特性，本报告使用的日度收益率均利用杠杆进行加权。由于实际杠杆率数据无法获得，本报告使用的加权杠杆均为名义杠杆，即以中金所公布的最低保证金获得；此外，中金所公布的最低保证金随交易日期和市场行情而变，因而名义杠杆率也随之做出调整。

（二）风险价值 VaR 值

现今的金融创新加大了市场波动性，使得市场风险成为金融风险管理的重点，为了对市场风险采取合理手段进行研究和管理，风险价值 VaR 理论应运而生并得到广泛推广与应用。由于金融标的资产收益率一般具有尖峰厚尾特征，并不服从正态分布，因此对分布的尾部研究尤为重要；传统的 VaR 计算方法需要事先获得收益率分布，与实际数据拟合时通常对分布的中部拟合较好而对尾部拟合不好，因此可能造成无法准确预测在历史数据中未曾发生过的极端风险情形。在对 VaR 进行计算的多种统计方法中，极值理论可以不考虑分布假设问题，因而能够很好地处理风险量化分析中的厚尾问题。本报告使用极值理论中的超阈值 POT 模型对两类期货产品进行 VaR 计算，其中使用日对数收益率的负值，即对多头头寸进行 VaR 度量，并使用99% 置信水平下的 VaR 值；同样地，日度收益率数据利用了杠杆进行加权。风险价值越大，表明出现极端风险的概率越高，即金融安全性越低。

（三）预期损失 ES 值

尽管 VaR 是理论界与实务界用于风险度量的一个有效工具，但其也有不足之处。一方面其未考虑一旦非正常情况出现时极端损失的严重程度而低估实际损失；另一方面其不满足次可加性，违背了以分散化投资来降低投资组合风险的初衷。为衡量衍生品市场的安全性，本报告还计算了预期损失 ES 值，由于 ES 在 VaR 的基础上进一步考虑了出现极端风险情况时的平均损失程度且满足次可加性，因此可以更完整地衡量相应标的金融资产出现极端损失的风险。对于 ES 值的计算同样利用超阈值 POT 的方法进行建模，日度收益率数据利用杠杆进行加权，且只对多头头寸进行 ES 度量，并使用99% 置信水平下的 ES 值。预期损失值越

---

① 例如5 年期国债期货合约主要包括四类产品，即3 个月、6 个月、9 个月、12 个月合约，因此当月主力合约也产生在四类产品中；以2014 年为例，1 月至3 月14 日使用3 个月合约数据、3 月15 日至6 月13 日使用6 个月合约数据，依此类推，进而完成全年度国债期货合约数据的构造。沪深300 股指期货合约产品包括当月、下月以及随后两个季度月，因此对于股指期货合约，均以当月合约作为主力合约。

大，表明出现极端风险的概率越高，即金融安全性越低。

四、指标体系汇总

将上述指标总结如表3-1所示，即为本报告提出的金融市场安全评估体系。

表3-1　　　　　　　　　　金融市场安全评估指标体系

一级指标	二级指标	三级指标
金融市场安全	股票市场	股市市盈率
		股市市值/GDP
	债券市场	低信用级别公司债与高信用级别公司债的发行利差
		债券存量规模/GDP
	金融衍生品市场	波动率
		风险价值 VaR 值
		预期损失 ES 值

五、指数构建及说明

(一)数据来源和指标说明

首先，金融市场安全性评估面临的主要困难是数据问题，其中，股票市场的数据可得性较强，债券市场和衍生品市场的数据可得性较差，在综合分析指标的代表性、经济含义以及数据可得性的基础上，本报告确定了如表3-2所示的指标体系。

其次，在时间长度的选择上，股票市场和债券市场的某些指标数据计算起始时间以2000年为起点，最终指标可得数据的时间大多在2000年之后。最终指数的编制将基于年度数据，不足一年的数据按年度数据处理。

表3-2　　　　　　　　　　指标及数据说明

指标	数据来源	指标说明
股市市盈率	Wind 数据库，年度	当年各季度的上证综指、深证成指、中小板指和创业板指市盈率按市场规模进行加权平均，进而得到均值指标
股市市值/GDP	Wind 数据库，年度	当年各季度股票市场总市值与 GDP 之比的均值
低信用级别公司债与高信用级别公司债的发行利差	Wind 数据库，年度	当年度低信用评级公司债的规模加权发行利率与高信用评级公司债的规模加权发行利率之差
债券存量规模/GDP	Wind 数据库，年度	当年各季度各类未偿债券的存量规模与 GDP 之比的均值
波动率	中金所，Wind 数据库，年度	以日度收益率测算的年度标准差
风险价值 VaR 值	中金所，Wind 数据库，年度	依据极值理论 POT 模型计算的多头头寸 VaR 值
预期损失 ES 值	中金所，Wind 数据库，年度	依据极值理论 POT 模型计算的多头头寸 ES 值

(二)指数构建方法

以上数据均先同向化处理后，再用功效系数法进行标准化。在所有标准化后的指标中，指标值越高代表安全性越好，指标值越低代表安全性越差。最后，我们将上述经过标准化后的指标汇总形成金融市场安全综合指标。

第二节 评估结果与分析

表3-3和表3-4分别是股票市场、债券市场安全指标和衍生品市场安全指标。2016年相较于2015年，衡量股票市场的两个安全指标都上升了，金融衍生品市场的安全指标同样也上升，只有债券市场的安全指标下降了；并且债券市场的安全指标总体呈现下降的趋势，债券市场的安全性值得关注。下文我们将具体分析股票市场安全指标、债券市场安全指标和衍生品市场安全指标以及金融市场的安全指标的变化。

表3-3 **股票市场和债券市场安全指标汇总**

年份 \ 安全指标	股市市盈率	股票市值/DGP	债券/GDP	信用债利差	股票市场指数	债券市场指数
2001	66.04	73.96	100.00	—	70.00	100.00
2002	65.70	79.03	98.00	—	72.36	98.00
2003	69.91	79.52	95.74	—	74.72	95.74
2004	84.87	88.50	93.06	—	86.68	93.06
2005	80.81	100.00	89.58	—	90.41	89.58
2006	63.79	73.15	86.35	—	68.47	86.35
2007	60.00	60.00	85.83	—	60.00	85.83
2008	100.00	74.58	83.61	100.00	87.29	91.81
2009	67.82	64.87	82.27	92.92	66.34	87.59
2010	78.54	65.87	82.16	—	72.20	82.16
2011	98.15	71.68	85.48	—	84.92	85.48
2012	98.18	72.21	84.11	70.00	85.20	77.05
2013	92.61	73.35	81.99	74.35	82.98	78.17
2014	86.27	67.24	79.08	97.08	76.75	88.08
2015	67.08	65.02	71.20	60.00	66.05	65.60
2016	70.51	67.77	60.00	65.33	69.14	62.66

表3-4 **衍生品市场安全指标**

年份 \ 安全指标	国债期货安全指标			股指期货安全指标			加权汇总安全指标			衍生品市场指数
	波动率	风险价值 VaR	期望损失 ES	波动率	风险价值 VaR	期望损失 ES	波动率	风险价值 VaR	期望损失 ES	
2001	—	—	—	—	—	—	—	—	—	—
2002	—	—	—	—	—	—	—	—	—	—
2003	—	—	—	—	—	—	—	—	—	—
2004	—	—	—	—	—	—	—	—	—	—

续表

安全指标　　　年份	国债期货安全指标			股指期货安全指标			加权汇总安全指标			衍生品市场指数
	波动率	风险价值 VaR	期望损失 ES	波动率	风险价值 VaR	期望损失 ES	波动率	风险价值 VaR	期望损失 ES	
2005	—	—	—	—	—	—	—	—	—	—
2006	—	—	—	—	—	—	—	—	—	—
2007	—	—	—	—	—	—	—	—	—	—
2008	—	—	—	—	—	—	—	—	—	—
2009	—	—	—	—	—	—	—	—	—	—
2010	—	—	—	88.69	89.88	91.51	—	—	—	—
2011	—	—	—	94.90	97.32	97.71	—	—	—	—
2012	—	—	—	93.27	99.77	100.00	—	—	—	—
2013	90.53	92.01	94.46	88.95	91.98	92.79	91.09	92.49	93.52	92.62
2014	83.74	84.01	80.44	89.20	95.84	95.02	91.34	96.40	95.80	95.15
2015	60.00	60.00	60.00	60.00	60.00	60.00	60.00	60.00	60.00	60.00
2016	100.00	100.00	100.00	100.00	100.00	100.00	100.00	100.00	100.00	100.00

一、股市市盈率

从总体上看，我国股票市场的价格波动较大，牛熊市分界明显，使得股市市盈率起伏不断。具体而言，2001 年前后的科技股泡沫使得股市市盈率较高，而股市安全性较低；之后随着相关泡沫的破灭，股价下降，使得股市市盈率下降，股市安全性得到提高；2006 年至 2009 年之间的股市大牛市和紧随其后的次贷危机，让股市市盈率大起大落，股市安全性也随之波动；2010 年后股市的持续低迷，降低了股市市盈率并提高了股市安全性；而 2014 年末开启的新一轮牛市，又再次使得股市市盈率上升，股市安全性下降；牛市持续到 2015 年上半年，随后股市一直疯狂下跌，在 2015 年下半年股市出现熊市，股市安全性在 2015 年出

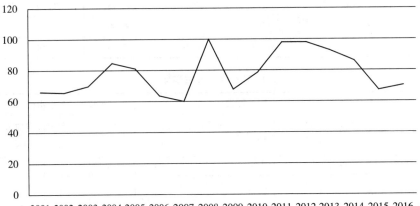

图 3—1　基于市盈率的股票市场安全性指标值

现一个小跌幅；2015 年股灾针对股指期货的三大限制措施尤其是"限仓令"的实施，引发期指市场流动性与市场深度严重不足，不仅使得股指期货风险管理功能无法正常发挥，也是造成股票市场长期存量博弈的原因之一，在此期间场内资金较为稳定，并未出现显著的流入流出使得 2016 年股市持续低迷，股市市盈率走低，股市安全性有所回升。

二、股市市值/GDP

我国股市市值与 GDP 之比同样受到股市价格波动的影响。2007 年的大牛市，使得股市泡沫化严重，股市市值与 GDP 之比达到峰值，股市安全性很低；而紧随其后的次贷危机刺破了股市泡沫，使得股市市值与 GDP 之比快速回落，股市安全性升高；之后持续几年的股市低迷期，让股市市值与 GDP 之比在中低位徘徊，股市安全性较高；但 2014 年末开启的新一轮牛市，又再次使得股市市值与 GDP 之比上升，股市安全性下降；接着在 2015 年牛市结束，出现熊市，2016 年股票市场一直低迷，股市安全性再次上升。

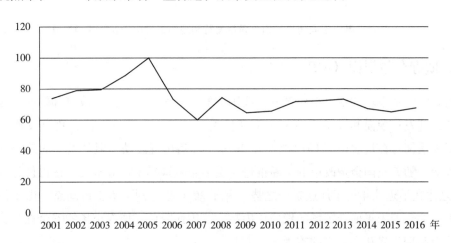

图 3 - 2　基于股市市值与 GDP 之比的股票市场安全性指标值

三、低信用级别公司债与高信用级别公司债的发行利差

我国公司债出现的历史不长（首只公司债诞生于 2007 年），低信用级别公司债出现的时间就更晚，导致目前该指标的时间序列有限，相应的时间趋势并不明显。由图 3 - 3 可以发现，我国低信用级别公司债与高信用级别公司债的发行利差在 2015 年达到了最大值，债市安全性达到最低，其背后的原因主要是随着我国经济步入"新常态"，经济增速放缓和经济结构调整加快，使得一些传统行业、过剩行业面临较大的转型压力。这些行业相关的公司债特别是低信用级别公司债在 2015 年开始出现一些违约情况，进而增大了市场对高风险债券兑付能力的担忧，市场因此要求更高的风险溢价，提高了低信用级别公司债的发行利率，降低了债券市场的安全性；随着 2016 年国家"去产能"政策的推进、房地产市场的复苏和大宗商品（如煤、油、金属）价格的反弹，一定程度上减轻了市场对传统产业高风险债券

违约的担忧，从而使得低信用级别与高信用级别公司债之间的发行利差缩小，债券市场的安全性得到了一定程度的改善。

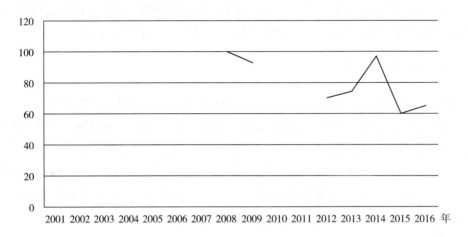

图3-3　基于不同信用级别公司债发行利差的债券市场安全性指标值

四、债券存量规模/GDP

作为我国资本市场的重要组成部分，我国债券市场的发展受到了政府部门的高度重视和大力支持，其发行规模和存量规模都在不断扩大。虽然受到次贷危机和政府投资计划的干扰，使得未偿债券存量规模与 GDP 之比在 2010 年前后出现波动，但其增长的趋势并没有发生任何改变。随着我国金融改革的不断推进，更多企业选择了债券融资，使得债券存量规模与 GDP 之比在最近几年有了加速扩张之势，并于 2016 年达到了历史最高点。由于债券存量规模越大，意味着未来债券市场的偿债压力越大，因而降低了债券市场的安全性，这一发展趋势需要引起理论界和实务界的重视。

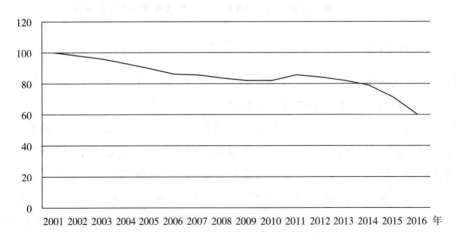

图3-4　基于债券存量规模与 GDP 之比的债券市场安全性指标值

五、衍生品市场波动率

图 3－5 和图 3－6 分别是国债期货衍生品市场和沪深 300 股指期货衍生品市场的波动率指标值。从图 3－5 可以看出，2013 年和 2014 年国债期货的总体波动率逐年上升，至 2015 年达到最大值，2015 年国债期货价格和成交量经历了大幅变动，导致波动率陡然上升，安全性下降明显；至 2016 年，国债期货市场回归平静，安全性有所回升。图 3－6 表明，以沪深 300 为代表的股指期货在 2014 年前其波动率变化幅度不大，大致处于平稳状态；但 2015 年股票市场爆发的大牛市以及随后产生的股灾，导致股指期货市场产生共振效应，其波动率快速放大，金融安全性显著下降；2016 年随着市场运行趋于平稳以及中金所不断提高股指期货保证金水平的同时限制仓位规模，以沪深 300 为代表的股指期货市场的波动率开始下降，金融安全性有所提升。

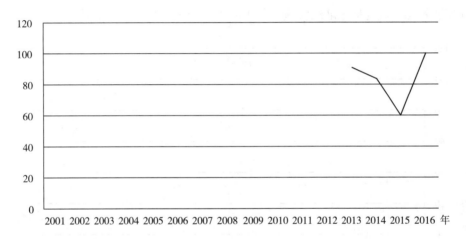

图 3－5 基于波动率的国债期货衍生品市场安全性指标值

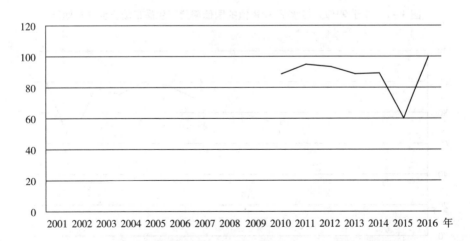

图 3－6 基于波动率的沪深 300 股指期货衍生品市场安全性指标值

六、衍生品市场风险价值 VaR 值

图 3-7 和图 3-8 分别是国债期货衍生品市场和沪深 300 股指期货衍生品市场 99% 置信水平下的 VaR 指标值。图 3-7 表明,国债期货市场 2015 年的风险价值达到最大,相应地金融安全性最低;另外,由图 3-7 可以发现,相对于 2013 年 99% 置信水平下的风险价值,2014 年 99% 置信水平下的风险价值趋于上升,这说明就 2014 年的国债期货市场而言,尾部的极端风险概率上升且一旦发生风险是比较大的,因此就必须更为关注金融安全性;而在 2016 年国债期货的风险下降,安全性提高。图 3-8 是以沪深 300 股指为代表的股指期货市场的风险价值。由数据可以发现 99% 置信水平下的风险价值其变化幅度不大,说明此时金融风险安全性比较高;但 2015 年股票市场的巨大变化导致沪深 300 股指期货的风险价值显著增大,相应地其安全性显著降低,此时必须高度关注股指期货市场可能蕴含的巨大风险。在 2016 年随着相关监管措施陆续实施,衍生品市场金融安全性有所上升。

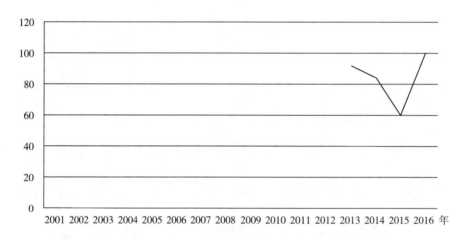

图 3-7 基于 99% 置信水平 VaR 值的国债期货衍生品市场安全性指标值

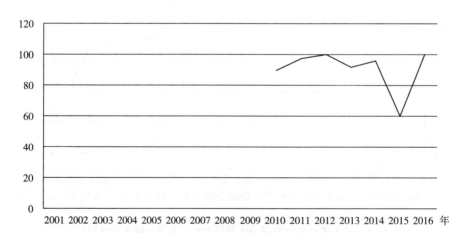

图 3-8 基于 99% 置信水平 VaR 值的沪深 300 股指期货衍生品市场安全性指标值

七、衍生品市场预期损失 ES 值

图 3 - 9 和图 3 - 10 分别是国债期货衍生品市场和沪深 300 股指期货衍生品市场 99% 置信水平下的 ES 指标值。图 3 - 9 表明，国债期货市场的预期损失值在 2015 年达到最大，相应地该年度的金融安全性下降最明显，此后国债期货的预期损失值有所下降，因此金融安全性有所上升；而图 3 - 10 表明，以沪深 300 股指为代表的股指期货市场的预期损失值在 2014 年之前变化幅度不大，说明此时金融风险安全性比较高；但 2015 年股票市场的巨大变化导致沪深 300 股指期货的预期损失值显著增大，相应地其安全性显著降低，2016 年随着市场运行趋于平稳以及中金所对市场交易的限制政策开始实施，以沪深 300 为代表的股指期货市场的预期损失值开始下降，金融安全性有所提升。

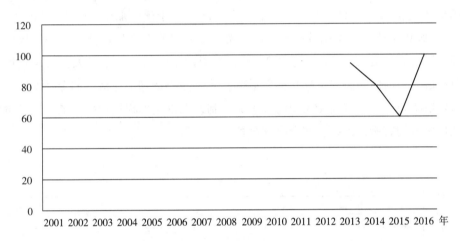

图 3 - 9 基于 99% 置信水平 ES 值的国债期货衍生品市场安全性指标值

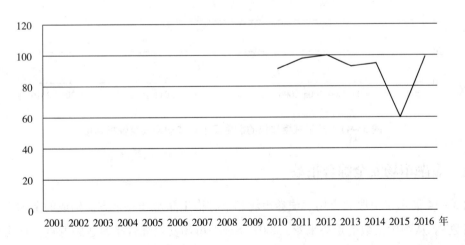

图 3 - 10 基于 99% 置信水平 ES 值的沪深 300 股指期货衍生品市场安全性指标值

八、基于规模加权的衍生品市场安全性

图 3-11 至图 3-13 是基于规模加权下的衍生品市场安全性指标值，即基于国债期货和沪深 300 股指期货的成交总金额（规模）探讨两类金融衍生品的加权波动率、加权风险价值 VaR 值和加权预期损失 ES 值。考虑到国债期货上市较晚，为便于加权比较，两类金融衍生品均从 2013 年起开始测算；另外，相较于国债期货市场的成交额，以沪深 300 为代表的股指期货市场的成交额更为庞大，除了 2016 年由于中金所对股指期货交易的限制以及交易数据较少外，其他年份股指期货交易成交额占两类金融衍生品总成交额的 95% 以上，因此，基于规模加权的衍生品市场的安全性更多体现了沪深 300 股指期货市场的安全性。其中，图 3-11 是基于规模加权下的衍生品市场的波动率指标值；图 3-12 是基于规模加权下的衍生品市场 99% 置信水平下的 VaR 指标值；图 3-13 是基于规模加权下的衍生品市场 99% 置信水平下的 ES 指标值。通过比较可以发现，无论是加权波动率指标值，还是加权风险价值和加权预期损失值，最大值均出现于 2015 年，表明该年度的波动率最大，其风险价值和预期损失值也最大，因而金融安全性指标值最低，此时需要特别关注极端的金融安全风险。此后随着市场情绪趋于平缓以及相关交易政策的限制，无论是加权波动率、加权风险价值还是加权预期损失值均有所回落，表明金融安全性开始上升。

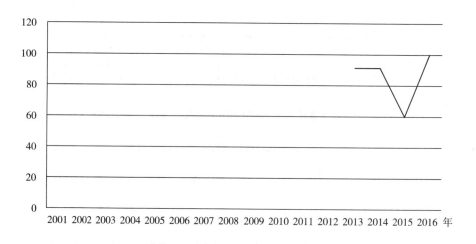

图 3-11　基于规模加权的衍生品市场波动率安全性指标值

九、金融市场安全综合指数

图 3-14 展示了由股票市场、债券市场和金融衍生品市场三个方面构成的金融市场安全综合指数[①]。从图中指数的走势来看，2007 年金融市场安全综合指数达到低点，这主要与当

[①] 股票市场自身的权重分别为 0.5、0.5；债券市场自身的权重分别为 0.5、0.5；金融衍生品市场自身的权重分别为 0.2、0.4、0.4；金融市场安全综合指数对股票市场、债券市场、金融衍生品市场的权重分为两部分：在 2013 年之前，权重分别为 0.5、0.5；2013 年之后，权重分别为 0.4、0.4、0.2。

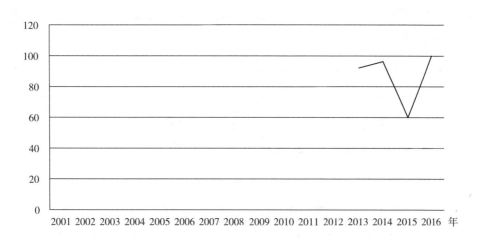

图 3 – 12 　基于规模加权下的衍生品市场 **99**％置信水平的 **VaR** 安全性指标值

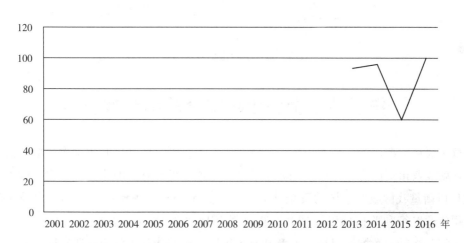

图 3 – 13 　基于规模加权下的衍生品市场 **99**％置信水平的 **ES** 安全性指标值

时股票市场的巨幅波动有关；在 2007 年时点上，债券市场变化幅度不大，但股票市场的安全性显著下降，进而导致金融市场安全综合指数趋于下降，金融安全性降低。与此同时，2015 年金融市场安全综合指数相对于其他年份下降明显，且与 2007 年情形又有所不同。在 2015 年，股票市场风险、债券市场风险、金融衍生品市场风险都趋于增大，导致金融市场安全综合指数总体下降，金融安全性下降趋势明显；2015 年，股票市场历经暴涨暴跌行情，金融衍生品市场和债券市场受到股票市场巨幅波动拖累。面对来自舆论的压力，中国金融期货交易所于 2015 年 8 月 26 日起实行新的交易规则，调整股指期货日内开仓限制标准、提高股指期货各合约持仓交易保证金标准、大幅提高股指期货平仓手续费标准、加强股指期货市场长期未交易账户管理等，导致股指期货的交易量流动性骤降，金融安全性明显下降，三大市场的表现导致金融市场安全综合指数大幅降低，金融安全性骤降。而在 2016 年，随着相关监管措施陆续出台并发挥功效，股票市场风险以及金融衍生品市场风险继续降低，金融安全性上升。但债券市场继续走强，相关债券收益率走低，债券市场继续牛市行情，导致债券市场金融安全性下降。不过综合来看，得益于相关监管措施的陆续到位，金融市场整体安全性在 2016 年有所上升。

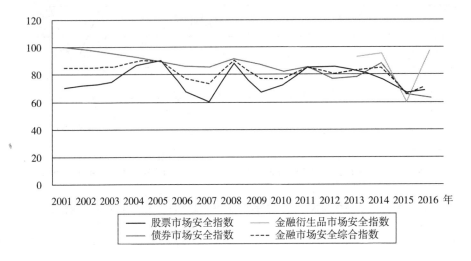

图 3 – 14　金融市场安全指数

第三节　金融市场安全总结与展望

　　本章主要从股票市场、债券市场、金融衍生品市场等方面开展我国金融市场的安全性评估工作。就股票市场而言，选取使用频率最高、估值效果最好的股市市盈率以及股市市值与 GDP 之比以衡量我国股票市场的安全性。对于债券市场，利用低信用级别公司债与高信用级别公司债的发行利差指标以及债券存量规模/GDP 指标衡量我国债券市场的安全性。此外，基于相关文献和数据可得性，本章针对 5 年期国债期货和沪深 300 股指期货开展安全性评估工作，使用三类指标衡量金融衍生品市场的安全性，分别是波动率、风险价值 VaR 值以及预期损失 ES 值。

　　综合来看，金融市场的安全性与相关市场牛熊转换息息相关。就股票市场而言，2007年以及 2015 年是大牛市，此时无论选取股市市盈率指标还是股市市值与 GDP 之比指标，都可以明显看出其波动幅度过大，导致股票市场的安全性降低。对于债券市场，自 2012 年起，随着中国经济发展步入新常态，债券市场逐渐走强，由此导致其安全性有所降低。特别是在 2016 年 10 月，受美联储加息、国内经济企稳、货币政策难松、年末资金面收紧等多重因素叠加，导致中国债券市场流动性收紧，债市大跌，波动性急剧放大，导致债券市场安全性下降。特别是 2016 年以来，违约呈现常态化趋势，债券违约数量高达 30 余起，数量相当于过去两年的总和；随着债市扩容以及城投债偿付高峰期的到来，债券市场违约风险将进一步集中暴露。因此，债券违约风险也是金融市场最凸显的风险，值得关注。从金融衍生品市场来看，无论是国债期货市场还是股指期货市场，2016 年相关市场的金融安全性都有所上升，且升幅明显。因为中金所调整股指期货日内开仓限制标准、提高股指期货各合约持仓交易保证金标准、大幅提高股指期货平仓手续费标准、加强股指期货市场长期未交易账户管理等，导致股指期货的交易量流动性骤降，同时 2016 年的国债期货价格和成交量也经历了大幅变动，导致波动率和风险价值下降，安全性上升；此外，2015 年股票市场爆发的大牛市以及随后产生的股灾，导致股指期货市场产生共振效应，其波动率和风险价值快速放大，金融安全性显著下降到最低点后，在 2016 年随着市场运行趋于平稳以及相关监管部门限制性交易措施，导致国债期货市场和股指期货市场的变动幅度下降，金融安全性有所上升。

2016 年 12 月召开的中央经济工作会议要求坚持稳中求进工作总基调，坚持新发展理念，以推进供给侧结构性改革为主线，适度扩大总需求，坚定推进改革，妥善应对风险挑战。因此，抑制资产泡沫、防范金融风险将成为今后金融市场发展和监管的关键词。自从 2014 年初实体经济衰退、实行货币宽松政策以来，过多的流动性逐渐流入不同资产市场，在金融监管不到位的背景下，泡沫化趋势此起彼伏。2014 年初的债券市场、2014 年底的股票市场、2015 年底的房地产市场、2016 年初的商品市场都经历过牛市，但泡沫破灭也紧随而至，导致相关金融市场的安全性降低。

中央经济工作会议强调稳中求进工作总基调，稳是主基调，稳是大局；要求继续实施积极的财政政策和稳健的货币政策，货币政策要保持稳健中性，适应货币供应方式新变化，要在增强汇率弹性的同时，保持人民币汇率在合理均衡水平上的基本稳定。要把防控金融风险放到更加重要的位置，下决心处置一批风险点，着力防控资产泡沫，提高和改进监管能力，确保不发生系统性金融风险。因此可以预计，2017 年中国金融市场发展的主题词即是"稳"，防范金融风险将成为金融监管部门的监管准则，因而金融市场的安全性将会有所上升。

第四章　房地产市场安全评估

第一节　评估体系和指数构建

房地产业是我国国民经济的重要支柱产业，对拉动经济、刺激消费有巨大作用。随着房地产业的发展，房地产市场风险已成为我国当前面临的经济和金融最重要风险之一，房地产业也因此成为我国宏观经济调控的重点。

对近年来房地产市场风险评价的相关研究内容与研究方法进行梳理，目前国内外比较普遍的风险存在性检测方法主要分为指标法和数理统计法。而更多的学者倾向于采用指标法来评估我国房地产市场的安全水平，比较有代表性的有，谢经荣（2002）提出了运用预示指标、指示指标和滞后指标这三类指标来进行房地产风险水平的测度；然而三类指标之间存在明显的前因后果关系，不符合指标体系设计的独立性原则，因此运用这套指标体系来测量房地产市场风险水平，很可能存在较大的误差。苏立熙（2013）将相关测度指标分为由市场内部供需结构影响的供给类指标、需求类指标和以外部性影响房地产市场的金融类（信贷支持类）指标。需求类指标主要从需求和价格的关系来衡量，测度真实需求情况；供给类指标主要测度房地产投资是否过热，供给是否过度；金融类指标主要根据投入房地产开发和居民购买房地产商品的资金来源，评价金融机构的资金流向是否合理。何恺和程道平（2016）根据我国房地产市场风险的主要控制点，将房地产市场风险指标体系概括为住房价格风险、住房流动性风险以及住房库存风险三个方面。鉴于部分指标属性不定，我们无法确切地将其划分为某一类，所以本报告直接采用多个单指标描述的指标体系。

一、指标选取

在综合分析指标的代表性、经济意义及数据可得性的基础上，我们采用的具体指标体系如表 4 - 1 所示。

表 4 – 1 房地产市场安全评估指标体系

一级指标	二级指标	数据来源
房地产市场 安全指数	房价收入比	上海易居房地产研究院年度报告
	房地产价格增长率/GDP 增长率	Wind
	商品房销售额增长率/社会消费品零售总额增长率	Wind
	库存消化周期	Wind
	个人住房贷款增长率/人均收入增长率	中国人民银行《中国货币政策执行报告》，Wind
	房地产投资额/GDP	Wind
	商品房销售额/商品房开发投资额	Wind
	房地产贷款总额/金融机构贷款总额	中国人民银行《中国货币政策执行报告》，Wind
	房地产开发贷款/企业资金来源	中国人民银行《中国货币政策执行报告》，Wind

房价收入比，即住房价格与城市居民家庭年收入之比，一定程度上代表了当地居民的商品房购买能力的高低。当房价收入比持续升高，突破其临界值的时候，表明当地居民对当地的商品房购买能力已经不足，但是从市场需求来看，商品房仍然在热销，此时当地房地产市场内可能存在泡沫并有大量投机需求。因此，房价收入比也可以衡量投机需求对整体市场需求的扭曲程度。该指标值越高，房地产市场安全性越低。

房地产价格增长率/GDP 增长率。该指数是根据房地产泡沫的含义来设计的，是比较房地产行业和国民经济发展速度的动态指标。一般而言，在城市化建设时期，房地产业的发展速度会快于区域实体经济的发展速度，此时房价增长率大于 GDP 增长率。但若房价增长速度远大于实体经济发展速度，指标值可能突破其临界值，房地产行业可能被过度开发，市场内可能存在泡沫。该指标值越高，房地产市场安全性越低。

商品房销售额增长率/社会消费品零售总额增长率。商品房需求市场的繁荣程度以商品房销售额为直接体现，社会消费品零售额的增长是经济增长的重要指标之一。在我国大力推进城市化建设的过程中，居民购房需求被不断释放，在一定范围内，商品房销售额增长率可以大于社会商品零售额增长率。但是如果该指标值过高，则说明市场内非真实房屋购买需求的存在，市场内可能出现泡沫。该指标值越高，房地产市场安全性越低。

库存消化周期，即商品房待销售面积与商品房销售面积的比值，能够反映区域房地产市场在一定时期内的供求是否平衡以及市场状态是否良好，也可以反映房地产市场的热度和预期，表示住宅市场产品相对过剩程度。该指标值越高，房地产市场安全性越低。

个人住房贷款增长率/人均收入增长率。个人住房贷款是金融机构对购房者的金融支持，房贷与收入增长率之比可以刻画居民偿付房贷的能力。当该指标值过高时，个人住房贷款激增，推升房价催生房地产泡沫的同时，个人以及家庭还款压力增加，金融机构面临的信用风险提升，容易导致泡沫的破灭。该指标值越高，房地产市场安全性越低。

房地产投资额/GDP。房地产开发投资对国民经济发展具有较大的拉动作用，房地产行业已经成为我国经济增长的支柱性产业。房地产投资额在 GDP 中的占比，反映了其在国民经济结构中是否合理。若占比过高，说明社会有过多的资源流入房地产行业，实体经济产业或因资金受到挤压而得不到发展，市场可能存在经济泡沫。

商品房销售额/商品房开发投资额。商品房销售额不仅是需求市场的反映，同时也是开发商回笼资金，决定其后续开发能力的因素之一。商品房开发投资额是房地产开发商生产房地产产品所消耗的成本。该指标能够反映房地产行业总体效益性以及开发商后续开发能力。当该指标小于 1 的时候，反映区域内房地产开发投入多而效益差，开发商资金回笼慢，开发进度放缓；若该指标大于 1，反映区域内房地产开发的效率比较高，未来可能将继续追加房地产投资。该指标值越高，房地产市场安全性越高。

房地产贷款总额/金融机构贷款总额。房地产贷款总额包括开发商开发投资的贷款和个人购买房地产商品的贷款等与房地产业直接相关的贷款。没有足够的资金，就不能产生资产泡沫。计算房地产贷款总额在金融机构贷款结构中的比例，一方面可以看出房地产业资金流转情况以及对金融贷款的依赖程度；另一方面可以看出金融业对房地产业的资金支持程度。银行对房地产行业过度的金融支持，可能存在过度放贷的问题，催生房地产泡沫的同时，也增加了其自身的贷款回收风险，此时指标值偏高，与泡沫存在性成正相关。

房地产开发贷款/企业资金来源。国内房地产企业多以负债经营，通过期房销售和建筑款保持资金的流动性。房地产开发贷款在企业资金来源中的占比是从宏观的角度测度房地产开发企业负债经营的规模，反映了房地产开发企业应对市场风险的能力。当该指标值过高，说明企业负债经营风险较大，企业开发速度可能过快，房地产市场内可能存在泡沫。该指标值越高，房地产市场安全性越低。

二、指数构建

对以上的指标进行同向化处理后，再用功效系数法进行标准化。所有标准化后的值，指标值越高代表安全状态越好，指标值越低代表安全状态越差。

第二节　评估结果与分析

一、我国房地产市场安全指数评估结果

图 4-1 显示了 2001—2016 年我国房地产市场安全指数走势。结合表 4-2 进行分析，总体来看，2001 年以来，我国房地产市场安全评估状况大致可以分为五个阶段：一是 2001—2008 年，由于我国制定了一系列支持房地产发展的政策，房地产市场快速发展，价格持续上扬，之后的一系列调控措施虽使房地产市场安全水平有所波动，但总体呈上扬趋势，指数由 2001 年的 78.56 上升至 2008 年的 86.28；二是次贷危机后，相继出台的楼市刺激措施以及房地产市场需求的大幅释放，使得房地产市场安全水平急剧下降，安全指数从 2008 年的 86.28 降至 2009 年的 75.51；三是次贷危机后的恢复期，"国十一条""国十条"

"9·29 新政"等政策的相继出台，从抑制需求、增加供给、加强监管等方面对房地产市场进行了全方位的调控，安全指数从 2009 年的 75.51 增至 2010 年的 83.12；四是房地产市场转折与深度调整期，库存压力逐渐显现，政策从严控渐趋宽松，安全指数从 2011 年的 83.43 下降至 2014 年的 80.79；五是 2015—2016 年的加速去库存阶段，宽松的货币政策、积极的财政政策以及持续放松的信贷政策，在降库存、促需求的同时，使得房价暴涨，安全指数从 2014 年的 80.79 降至 2016 年的 75.79。值得注意的是，当前我国房地产市场安全水平仍在下降，但造成的原因与之前不同，面临的主要风险也有所差别，具体情况见表 4-2。

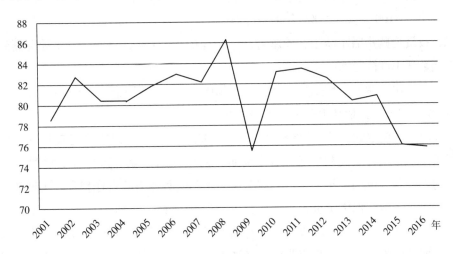

图 4-1　房地产市场安全指数

表 4-2　　　　　　　　　　　房地产市场安全指标评分

年份	房价收入比	房地产价格增长率/GDP增长率	商品房销售额增长率/社会商品零售总额增长率	库存消化周期（待售面积/销售面积）	个人住房贷款增长率/人均收入增长率	房地产投资额/GDP	商品房销售额/房地产开发投资额	房地产贷款总额/金融机构贷款总额	房地产开发贷款/企业资金来源	房地产市场安全指数
2001	97.33	92.39	75.83	61.52	60.00	100.00	60.00	100.00	60.00	78.56
2002	97.33	91.27	81.62	65.89	77.59	97.00	60.42	97.09	76.27	82.72
2003	100.00	90.06	70.47	76.77	75.91	92.62	62.13	92.51	63.36	80.43
2004	81.33	74.82	80.03	84.59	81.78	89.34	64.80	88.19	78.29	80.35
2005	68.00	75.17	60.00	90.60	92.31	87.73	90.37	86.23	85.87	81.81
2006	73.33	89.90	85.86	93.65	88.83	86.15	87.74	81.12	60.03	82.96
2007	62.67	81.64	78.38	100.00	89.18	83.90	96.61	76.25	71.03	82.18
2008	92.00	100.00	100.00	88.75	100.00	82.10	66.00	78.53	69.11	86.28
2009	60.00	60.00	63.34	96.21	61.39	79.37	100.00	76.26	83.04	75.51
2010	68.00	86.68	88.09	99.06	84.61	73.61	89.38	73.42	85.24	83.12
2011	76.00	87.10	89.96	92.25	93.66	69.42	77.70	73.25	91.50	83.43
2012	81.33	81.86	90.01	84.05	97.48	66.51	73.63	74.15	93.43	82.49
2013	81.33	82.44	81.62	78.86	88.09	61.36	77.59	71.49	100.00	80.31
2014	86.67	94.52	97.86	64.56	88.58	60.00	65.95	69.07	99.89	80.79
2015	84.00	81.13	85.87	60.00	83.49	63.67	74.57	66.53	84.73	76.00
2016	78.67	74.65	73.04	72.18	72.64	64.30	93.76	60.00	92.87	75.79

二、2008 年以来我国房地产市场安全指数分析

2008 年以来我国房地产市场大体呈现出以下三个阶段。

（一）2008—2009 年：房地产市场安全指数急剧下滑

从表 4 - 2 中可以看出，与 2008 年相比，2009 年房地产市场安全性大幅下滑的原因可以归为以下三点。

第一，房价风险大幅上涨，相应的房价收入比指数和房价增长率/GDP 增长率指数分别从 2008 年的 92、100 下降至 2009 年的 60、60；

第二，投资性购房需求激生，需求过旺，相应的商品房销售额增长率/社会商品零售总额增长率指数从 100 降至 63.34；

第三，个人房贷激增，催生房地产泡沫，加剧房地产信贷风险，相应的个人住房贷款增长率/人均收入增长率指数从 100 大幅下降至 61.39。

上述风险产生的原因如下：2008 年，受次贷危机影响，国内宏观经济景气下降，加之从紧的货币政策影响，居民购房意愿显著降低，观望情绪浓厚。2009 年，经过房地产市场持续一年的观望期，市场累积了一批具有购房需求和购买能力的自住型和改善型消费者，而之前房价的回调为他们提供了进入市场的契机，导致出现销售过旺、市场成交活跃、房价水平不断攀升的局面。房地产市场表现出的有利可图继而吸引具有投资投机性购房需求的消费者，进一步推升房价。此外，政府为恢复经济采取的适度宽松的货币政策使得流向房地产业的信贷资金增长较快，信贷风险由此加剧。

（二）2011—2014 年：房地产市场转折与深度调整期

从表 4 - 2 中可以看出，2011—2014 年，我国房地产市场具体存在以下几方面风险。

第一，库存压力逐年上升，相应指数从 92.25 下降至 64.56。

第二，房地产投资风险，具体表现为房地产投资额在 GDP 中的占比过高，相应指数从 69.42 下降至 60；房地产投入多绩效差，相应指数从 77.7 降至 65.95。

第三，金融机构对房地产业的资金支持程度不断增大，越来越多的资金涌入房地产市场，催生资产泡沫，加剧信贷风险。

上述风险产生的主要原因可能是房地产市场的高利润、住房的刚性需求以及渐趋宽松的信贷政策吸引房地厂商不断地追加投资，而近些年随着住房需求的释放，需求市场渐趋饱和，由此造成房地产市场严重的供过于求，市场风险加剧。

（三）2015—2016 年：房地产市场加速去库存阶段

表 4 - 2 表明，与 2015 年相比，2016 年房地产市场安全水平略微下降，具体表现为：第一，房价收入比与房价涨幅创 2011 年以来新高，房价上涨过快推高了市场运行风险，对金融体系的稳健运行带来了较大隐忧；第二，商品房销售额增长率与社会消费品零售总额增长率比值显著增加，房地产发展过热，投资性购房需求上升加剧市场风险；第三，商品房待

售面积出现绝对下降，市场库存风险有所缓解，但总体来看，库存压力仍然很大；第四，在较为宽松的货币信贷环境下，房地产贷款总额在金融机构贷款总额中的占比增加，且主要源于个人住房贷款的显著增加，个人房贷增长率将近40%，居民加杠杆购房趋势明显，市场信贷风险增加；第五，整体来看，房地产投资在 GDP 中的占比下降，主要源于房地产投资增速的下滑态势，这有利于行业进入平稳发展期，且商品房销售形势的好转，进一步提升了房地产投资绩效。

2016 年房价上涨的原因，可能包括以下几方面：第一，在全国去库存政策的指导下，地方政府继续减少土地推出量，全国土地出让普遍减少，房企土地储备面积继续下降，房价与地价互为助力并加速上行；第二，城市人口增多导致刚需旺盛，推动房价上涨；第三，房产本身具有的投资属性与房地产热潮相结合，导致投资性需求激增，炒房热推动房价上涨；第四，较为宽松的信贷政策，金融机构为房地产业提供了过多的资金支持。

2016 年房地产库存风险的减少可能源于以下几点。第一，在 2016 年"去库存，稳市场"政策主基调下，房地产用地供应下跌超一成，利于库存消化；第二，房地产刚性需求和投资性需求旺盛，使得 2016 年房产销售创历史新高，在一定程度上，泡沫消化了库存，库存压力有所缓解。

2016 年房地产投资增速仍呈下滑态势，短期来看，原因有两个方面。一是整体库存高企的情况仍然存在，2016 年全国商品房销售面积和销售金额均创新高，同比分别增长22.5%和34.8%，但反观库存水平，到 2016 年末，全国商品房待售面积约 6.95 亿平方米，较上年末仅减少 2 314 万平方米，整体减少3.2%，只是消化了一二线城市和部分三四线城市的库存，绝大多数三四线城市库存水平依然高企，不甚景气的销售前景必然对增加投资产生负面影响。二是近年来我国全力去库存，各地土地供应大幅削减，自 2013 年以来，土地购置面积和新开工面积连年下滑，直接拖累开发投资额增速下降。而从 2016 年第四季度起，国家在供需两端分别加大紧缩调控力度，通过限贷、限购、严查资金等方式加强对市场的监管，严控资金大规模涌入房地产市场，使得房地产开发企业投资收缩。

长期来看，经过连续多年的高速增长，房地产开发投资额基数已然十分庞大，继续持续高速扩张显然不符合经济发展的客观规律。投资增速降低，反而意味着我国房地产从高速发展阶段进入到接近波峰的平稳发展阶段。

第三节　当前房地产市场存在的安全隐患

总体来看，当前我国房地产市场的安全隐患产生于供需两端，需求端风险主要源于投资投机性购房需求的飙升，供给端风险主要在于供求失衡导致的库存高企。城市分化现象严重，各地房地产市场风险有所差异，一二线城市主要体现为房价泡沫，三四线城市为库存风险。具体安全隐患分析如下。

一、房价上涨过快，推动了房价泡沫的产生与积累，尤其体现在一二线城市

图 4-2 显示了 2001 年以来我国房价收入比以及房价增速与 GDP 增速之比。由图可知，2001—2007 年，我国房价收入比总体呈上升趋势，从 6.7 上涨至 8；2008 年，受次贷危机以及从紧的货币政策影响，居民购房意愿显著降低，观望情绪浓厚，房价收入比跌至 6.9；但随着国家 4 万亿元等有效经济刺激政策的出台，以及 2008 年相继出台的楼市刺激措施，我国房价再次快速增长，而城镇居民可支配收入并未同步上升，导致 2009 年房价收入比达到历史最大值 8.1；2010—2014 年，房价收入比持续下降至 7.1；自 2015 年以来，房价收入比再次上涨，从 7.1 上升至 7.4。住房价格远超家庭年收入，居高不下的购房痛苦指数加重了刚性购房需求和改善性购房需求家庭的压力，助长了投资投机性购房需求的风气。

从房价增长率与 GDP 增长率比值走势来看，除 2004 年、2005 年、2009 年和 2016 年以外，房价增长率比 GDP 增长率的时间趋势并不明显，说明我国房屋平均销售价格的上升幅度和 GDP 的增率是相对同步的。但在 2004 年和 2005 年，房地产市场快速升温，受投资性购房需求过快增长的影响，房价增长率分别达到 15.0% 和 16.7%，在 GDP 增长率平稳的情况下，房价增长速度远大于实体经济发展速度。特别是在 2009 年，由于美国次贷危机引起的国际金融海啸，我国 GDP 增速大幅下降，而房地产市场经过 2008 年的低迷期后出现新一轮高涨，房价增长率达到 23.2%，导致房价增长率与 GDP 增长率比值也大幅上升。2014 年以来，在经济下行压力和由以往"控房价、抑需求"转变为"促改善、稳消费"的房地产相对宽松政策背景下，房价再次大涨，房价增长率和 GDP 增长率比值从 0.19 上升至 1.5。高房价吸引资金从其他实体行业流出，削弱制造业，影响实体经济的发展。房价增速严重偏离 GDP 增速，房地产存在泡沫。

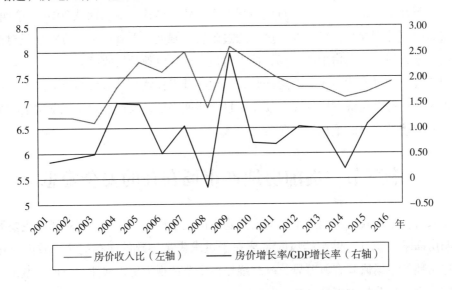

图 4-2　房价收入比与房价增长率/GDP 增长率

图 4-3 是 2015 年至 2016 年 11 月各级城市月度价格指数走势，表 4-3 是 2015 年与 2016 年 1—11 月我国百城及各级城市住宅价格累计涨跌情况。可以看出，2016 年房价上涨是由一线城市领涨、二三线城市随后的全国性普涨，但各级城市之间房价走势出现了明显的分化，而当前的房价泡沫主要集中在一二线城市。

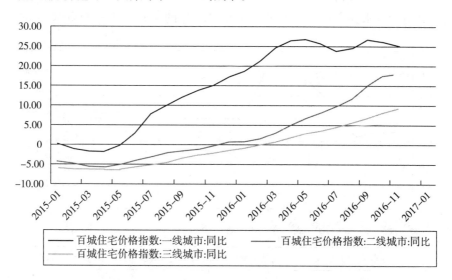

图 4-3　2015—2016 年 11 月各级城市月度价格指数

表 4-3　　　　　　　　　百城及各级城市住宅价格累计涨跌情况

城市	百城	一线	二线	三线
2015 年	4.15%	17.20%	0.64%	-1.47%
2016 年 1—11 月	18.71%	25.20%	17.89%	9.24%

数据来源：Wind。

二、投资投机性购房需求过多，推高了房价，推动了房地产风险的产生与积累

正如前文所述，房价收入比可以衡量投机需求对整体市场需求的扭曲程度，且商品房销售额增长率与社会商品零售额增长率的比值过高，也能说明市场内非真实房屋购买需求的存在。因此，在一定程度上，这两个指标可以反映房地产市场的投机投资需求情况。

图 4-4 显示了 2001 年以来我国房价收入比以及商品房销售额增长率与社会商品零售额增长率之比。从图中可以看出，商品房销售额增长率与社会消费品零售总额增长率的比值基本呈现涨跌交替的上下起伏态势。2003 年以来，受房价攀升的影响，投资性购房增长较快，而在 2005 年商品房销售额增长率更是达到了 69.4% 的历史较高值，是社会商品零售额增长率的 5.38 倍。2008 年受次贷危机影响，商品房销售额增长率猛降至 -19.5%。2009 年，经过 2008 年持续一年的观望期，市场累积了一批具有购房需求和购买能力的自住型和改善型消费者，而国家多项利好政策的出台以及房价的回调为他们进入市场提供较好契机，导致房

地产市场快速回暖，市场销售持续升温，销售面积和销售额的规模与增速均创历史新高，商品房销售额增长率与社会消费品零售总额增长率比值迅猛回升至 4.86。2014 年我国房地产市场总体处于低迷状态，商品房销售额增长率再现负值。2015—2016 年，受政府"调供应与促需求双管齐下，全力去库存"的各项政策影响，投资性购房需求得到释放，房地产消费需求与社会消费需求偏离较大，增速比值从 2014 年的 -0.53 上涨至 2016 年的 3.35。

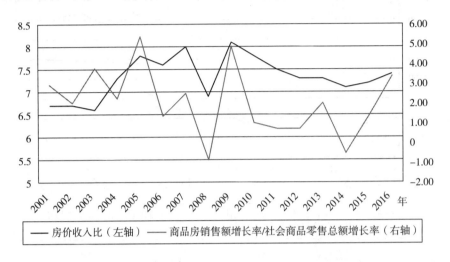

图 4-4　房价收入比与商品房销售额增长率/社会商品零售额增长率

总体来看，2014 年以来，房价收入比以及商品房销售额增长率与社会商品零售额增长率的比值均呈上升态势。房价持续上涨，居民对商品房的购买能力已然不足，但商品房却仍然在热销，销售额增速直线上升，说明当前房地产市场内可能存在泡沫并有大量投资投机性购房需求。

三、在"去库存、稳增长"的主旋律下，商品房待售面积虽有绝对下降，但库存压力仍然很大，尤其体现在三四线城市

图 4-5 是我国房地产市场 2001—2016 年的库存消化周期走势，可以看出，2010—2014 年，我国房地产市场库存压力呈直线上升，商品房待售面积与销售面积之比从 0.18 上升至 0.52。对于 2010 年之后库存消化周期的变化，可能原因有以下两点：一是我国城市化进程中的非均衡化资源配置使得城市间发展进一步失衡，从库存高企的三四线城市看，这些城市经济增长乏力，缺乏强有力的产业支撑和公共服务水平，导致就业机会有限和收入来源狭窄，使得当地房地产需求严重不足，在很大程度上难以实现供需均衡发展；二是自 2010 年发起于一线城市，随后在全国大多数二线城市开展的限购政策，给房地产开发企业带来一定的传导效应，促使其将开发重点转向三四线城市，却忽略了真正的购房需求仍停留于一线城市以及一些重点二线城市的实际情况，由此带来了三四线城市的高库存。2015 年，在"去库存"的主旋律下，国家出台一系列政策，库存增速得以放缓；在降低首付比例、发放购房补贴、税收优惠等一系列政策的影响下，2016 年房地产去库存效果显著，商品房待售面

积与销售面积之比从 0.56 下降至 0.44。而值得注意的是，我国 7 亿平方米的库存房中，70% 分布在三四线城市，因此三四线城市的库存风险已然是当前房地产市场的严重风险之一。

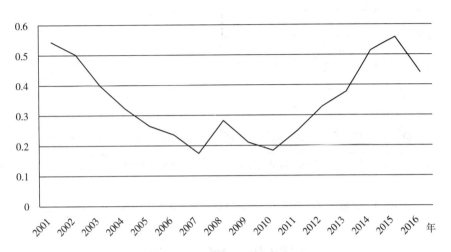

图 4 - 5 库存消化周期

四、越来越多的资金涌入房地产市场，居民拼命加杠杆买房趋势愈加显著，增加了市场信贷风险的同时，扭曲了房地产本质属性

图 4 - 6 显示了 2001 年以来我国房地产贷款总额在金融机构贷款总额中的占比以及个人房贷增长率与人均收入增长率之比。可以看出，2001 年以来我国房地产贷款总额在金融机构贷款总额中的占比持续增加，已从 9% 上升到 25%。说明金融机构对房地产市场的信贷支持加大，未来面临的信贷风险增加。

从个人房贷增长率与人均收入增长率比值走势来看，2001—2007 年，该比值总体呈下降趋势。2008 年受次贷危机影响，房地产市场观望情绪浓厚，房贷增速一度达到负值。2009 年受上年积累的购房需求和国家有效刺激措施的影响，购房需求集中释放，个人住房贷款增长率达到 60%，而人均收入增长率仅 9%，个人住房贷款增速是人均收入增速的将近 7 倍。2010—2012 年，受政府紧缩政策影响，房贷增速逐渐放缓，2012 年的房贷增速甚至不到收入增速的一半。而 2013 年以来，政策又渐趋宽松，房贷增速再次上升。2016 年个人住房贷款增长率达到 37.4%，而人均收入增长率仅 7.8%，房贷增速是人均收入增速的将近 5 倍，严重偏离人均收入增长率。居民拼命加杠杆买房的行为，导致房地产市场狂飙突进，房地产金融属性超越居住属性，加重个人及家庭还款负担的同时，金融机构面临的违约风险加剧。

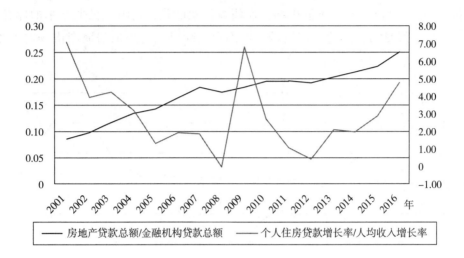

图 4-6 房地产贷款总额/金融机构贷款总额与个人房贷收入增长率之比

第四节 展 望

当前我国房地产市场处于供求结构的调整优化期，城市分化持续加剧，一二线城市的房价泡沫与三四线城市的库存高企并存。因此，未来我国应坚持因城施策，做好房地产市场的风险防控。

一、抑制房地产投资性购房需求，稳定房价

抑制住房投机性需求，需要围绕"房子是用来住的，不是用来炒的"基本定位，考虑设计相关的金融、税收政策，对二套以上住房的购买政策进行规范。并以法律为约束，制定相关的房地产税收政策，积极合理地引导房价增长预期。而最根本有效的方式还是应加快房地产税改革，建立房地产稳定发展的长效机制。

二、减少房地产投资与加快推进城镇化建设相结合，消化库存

一二线城市购房需求旺盛，去库存最大的障碍是住房投资性需求带来的高房价，因此工作重点主要在于稳房价。而三四线城市的库存则是绝对的过剩，降库存无法一蹴而就，需要靠真实的住房需求来逐渐消化。因此，最根本有效的方式是加快推进城镇化建设，均衡区域资源配置，增加这些城市的人员吸引力，使当地住房市场具备需求保障。而我国当下可以考虑先减少这些地区的新增投资，以减少增量库存。

三、合理调整资金的流向与投向，从供需两端去杠杆，减少房地产市场的信贷风险

2016 年投资到位新增资金中超过一半流向了房地产，在增加房地产市场信贷风险的同

时，也导致实体经济资金不足；且大部分资金趋向于一二线城市，进一步拉大了城市间的差距。未来我国可以通过相关的行业引导支持政策，平衡资金在各行业的流向；通过因城施策，合理引导资金在房地产业的投向。针对库存较大的地区，继续出台配套的信贷支持政策，而针对热点区域的楼市，政府可以督促这些地方出台紧缩性的信贷政策，如购房首付比例上调、增加购房贷款门槛等。同时，也需要加强金融信贷监管政策，从供需两端去杠杆，有效控制房企杠杆和居民购房杠杆，在支持居民合理购房的信贷政策的同时，要严格限制信贷流向投资投机性购房，防止房地产泡沫的进一步扩大。总之，未来的房地产金融信贷政策，一方面应支持三四线城市的去库存，另一方面应加紧一二线城市的去杠杆。

房地产的健康发展，离不开良好的市场秩序。我国应综合运用金融、土地、财税、投资、立法等手段，推动房地产供需市场的均衡发展，加快建立符合国情、适应市场规律的房地产平稳健康发展长效机制。

第五章　金融风险传染安全评估

进入20世纪90年代以来，国际上金融机构和金融市场发生各类危机的频率越来越高，出现了一系列因一家或多家金融机构倒闭以及局部金融市场动荡而在整个金融市场引发系统性风险的事件。随着我国市场化改革和经济金融全球化的不断深入，金融系统面临各种危机波及的可能性也在逐渐增大。而我国金融体系依然存在很多不足，使得金融体系的建设健全问题亟待解决。首先，中国的金融机构同质性较高，容易受到多米诺骨牌效应的影响（马君潞，2007）；其次，目前的金融市场仍然缺乏适当的风险控制工具和交易机制，使得系统性风险很容易传播，并在短时间内放大；监管手段和技术还比较落后，加上某些人为因素，规则法规难以落实且政策时滞较大。金融风险问题已引起我国政府的高度重视，在十八大报告中提出要进一步深化金融机构改革，在国际经济金融形势复杂多变，国内部分地区经济发展困难的部分负面背景下，金融行业各部门在运行中的各种潜在风险因素不容忽视，这种由于单部门或局部风险事件而使整个金融系统甚至经济体系面临冲击的系统性风险事件不同于一般的个别金融风险事件，呈现出独特的内在机理，并形成极大的外部溢出效应和巨大的社会成本。当前，金融系统性风险的评估、预警和监管问题也引起各国政府和国际金融组织的高度重视。

系统性风险的产生途径一般可以概括为两类，即内生途径和外生途径。前者主要来自金融机构风险累积、金融市场动荡和金融基础设施的不完善，而后者主要源于宏观经济的不稳定和突发事件的冲击。但不管是什么途径，系统性风险主要都是通过金融机构间和金融市场间的相互传染得以实现的。从2008年开始的国际金融危机来看，系统性风险不仅表现在跨部门方面，也表现在跨时间方面。后者指的是金融体系的顺周期性导致金融风险在时序上被放大，从而加剧经济的周期性波动和自身的不稳健性。本章将重点从金融机构和金融市场两个层面出发，尝试从金融领域系统性风险的传染性视角，对中国金融体系的安全性进行评估。需要指出的是，风险传染性只是说明在发生内生或外生冲击时，通过风险传染发生系统性风险的可能性，至于内生或外生冲击本身发生的可能性及其影响程度则是本报告其余章节所要研究的内容。

第一节　评估体系和指数构建

一、金融机构风险传染性评估体系

（一）数据来源及指标选取依据

从理论上看，金融机构的风险传染性主要取决于金融机构之间资金流的规模及其网络结构，即金融机构间业务往来的紧密程度和内部结构。一般而言，金融机构间业务往来的紧密程度越大，风险冲击在系统内扩散的程度也会越大，系统对风险冲击的分担程度也同样越强。因此，这时的系统对小规模风险冲击的抵抗能力会较强，即使发生较大范围的风险传染，其整体影响程度也会较小，系统功能不会遭受破坏；但一旦发生较大规模的风险冲击，则风险的传播范围和影响程度就会更为严重，系统整体就越容易崩溃，从而导致系统功能无法发挥。

因此本部分将利用公开的中国银行间同业占款情况来评估中国金融机构间业务往来的紧密程度、网络结构特征及其时序变化，分别计算得到金融机构相互依赖指数及金融机构网络结构指数来表明金融机构间的相互依赖程度及网络结构的稳定程度，并以此为基础，综合得到基于风险传染的金融机构金融安全指数，以对中国金融机构间的风险传染性进行评估。所有数据在未特别说明的情况下，均来自 Bankscope 数据库。

（二）指标说明

关于中国金融机构间关联性的公开数据很少，为了兼顾研究的有效性、数据的一致性与持续可得性，本章选择了少量关键数据来进行评估。所有数据均为年度数据，时间跨度为2001 年至 2016 年 6 月底。评估的具体指标体系及计算方法参见表 5-1。

表 5-1　　　　　金融机构风险传染性评估指数

指数	分类指数	计算方法
金融机构风险传染安全指数	金融机构相互依赖指数	$\dfrac{同业资产+同业负债}{总资产+总负债}$
	金融机构网络结构指数	网络结构评估模型

其中，金融相互依赖指数考虑的是银行同业业务的情况。由于相对于中国整个银行体系而言，研究数据并不是完备的，即各银行同业资产总额与同业负债总额并不相等，因此本章以银行同业资产和同业负债占总资产和总负债的比重来衡量金融机构间的相互依赖程度。当金融机构间同业拆借的相对比重比较大时，各金融机构间的相互关联性也较大，金融风险在机构间相互传染的可能性也就越大。

金融机构网络结构指数表示的金融网络结构对风险传染的影响。当网络结构越依赖于少数重要性节点时，则网络结构越不稳定。本章首先基于金融机构间的同业往来情况构建了金融机构关联网络，然后通过自己构建的复杂网络模型评估了单节点违约对系统的影响，并以此为基础分析网络结构的抗冲击能力和相对稳定性，从而得到金融机构网络结构指数。

需要指出的是，由于本章是对金融安全状况进行评估，因此对相关指数的方向做了调整，即风险传染程度越高、网络结构越不稳定，则相应评估指数也就越低。

二、金融市场风险传染性评估体系

（一）数据来源及指标选取依据

金融市场联动性指的是金融市场之间存在长期的、稳定的关系，一般包括收益率之间、收益率波动率之间和资产流动性之间三个层面。从某种经济意义上说，金融市场间的联动效应就是不同金融市场之间的风险传递过程。

在综合分析指标的代表性、经济含义以及数据可得性的基础上，为了研究国内各金融交易市场之间、国内同海外金融市场之间的联动性，我们从中国及海外股票市场、债券市场、货币市场、外汇市场、商品期货市场共选取了 15 个相关指数或交易品种价格作为分析对象。这 15 个价格（指数）对应的子市场和编号参见表 5 - 2。

表 5 - 2　　　　　　　　　金融子市场的选择及相应指标

子市场		市场指数/价格	起止时间	编号
国内市场	股票市场	上证指数	2001—2005	1
		沪深 300 指数	2006—2016	2
	债券市场	上证国债指数	2003—2016	3
	货币市场	CHIBOR 银行间七天同业拆借利率	2001—2006	4
		SHIBOR 七天同业拆借利率	2007—2016	5
	外汇市场	人民币兑美元中间价	2001—2016	6
	商品期货市场	沪铜指数	2001—2004	7
		橡胶指数	2001—2004	8
		南华期货金属指数	2005—2016	9
		南华期货能化指数	2005—2016	10
海外市场	股票市场	恒生指数	2001—2016	11
		标普 500 指数	2001—2016	12
		MSCI 发展中国家指数	2011—2015	13
	货币市场	美国联邦基金利率	2001—2016	14
	外汇市场	美元指数	2001—2016	15

数据来源：MSCI 发展中国家指数来自 https：//www.msci.com／，CHIBOR 银行间七天同业拆借利率来自 CEIC 数据库，其他数据均来自 Wind 数据库。

（二）指标说明

对于各个分类子市场，尽量选取最具代表性的交易品种，但为了保证数据的连续性，部分指标在早期选择了相近的同类数据，例如中国股票市场数据主要选取更有代表性的沪深 300 指数，而在 2001—2005 年则选取上证综合指数作为补充；同样，中国货币市场数据在

2001—2006 年选取 CHIBOR 银行间同业拆借利率，之后则选择更有代表性的 SHIBOR 七天同业拆借利率数据；在商品期货市场，早期则选取沪铜指数和橡胶指数分别作为南华期货金属指数和南华期货能化指数的早期替代。

在数据处理上，首先针对各个交易品种，获取了从 2001 年 1 月至 2016 年 12 月 30 日的日收盘价数据，并计算得到各品种的日收益率，然后对国内各子市场及国内市场同国外市场两两之间分别做 20%、80% 分位的分位数回归得到尾部相关系数，最后基于两个尾部相关系数绝对值的最大值，通过平均化和标准化后分别计算得到内部市场风险传染指数和外部市场风险传染指数。其中，内部市场风险传染指数表示国内金融市场间的风险传染程度，而外部市场风险传染指数则表示国内市场与国外市场间的风险传染程度。

表 5 – 3 金融市场风险传染性评估指数

指数	分类指数	计算方法
金融市场风险传染安全指数	内部市场风险传染指数	国内各金融子市场间年度日收益率的尾部相关性
	外部市场风险传染指数	国内各金融子市场与国外各金融子市场间年度日收益率的尾部相关性

同样需要指出的是，由于本章是对金融安全状况进行评估，因此对相关指数的方向做了调整，即各子市场间相关性越大，相应风险传染指数越低。

三、中国金融风险传染安全指数

以上所有数据均先同向化处理后，再用功效系数法进行标准化，最后按照一定权重将金融机构风险传染安全指数与金融市场风险传染安全指数加总得到中国金融风险传染安全指数。各指数指标值越高代表安全状态越好，指标值越低则代表安全状态越差。

第二节 评估结果与分析

一、金融机构风险传染安全评估

通过计算得到的中国金融机构相互依赖指标值、金融机构网络结构指标值和金融机构风险传染安全指标值结果如表 5 – 4 所示。

表 5 – 4 金融机构传染安全指标值

年份	相互依赖指标	网络结构指标	金融机构风险传染安全指标
2001	0.0948	0.1393	0.1171
2002	0.0810	0.0743	0.0776
2003	0.0945	0.0599	0.0772
2004	0.0946	0.0988	0.0967
2005	0.1128	0.3021	0.2074

续表

年份	相互依赖指标	网络结构指标	金融机构风险传染安全指标
2006	0.1353	0.4159	0.2756
2007	0.2052	0.4056	0.3054
2008	0.2369	0.5555	0.3962
2009	0.2310	0.4783	0.3546
2010	0.1452	0.7750	0.4601
2011	0.1835	0.7144	0.4489
2012	0.2158	0.9580	0.5869
2013	0.1940	0.6146	0.4043
2014	0.2154	0.5474	0.3814
2015	0.2251	0.8369	0.5310
2016	0.1284	2.6294	1.3789

经由功效系数法处理得到的分类指数如表 5 – 5 所示。

表 5 – 5 金融机构风险传染安全指数及分类指数

年份	相互依赖指数	网络结构指数	金融机构风险传染安全指数
2001	96.4543	98.7643	97.6093
2002	100.0000	99.7771	99.8886
2003	96.5245	100.0000	98.2622
2004	96.5005	99.3950	97.9478
2005	91.8462	96.2299	94.0381
2006	86.0695	94.4583	90.2639
2007	68.1207	94.6193	81.3700
2008	60.0000	92.2857	76.1428
2009	61.5178	93.4879	77.5029
2010	83.5088	88.8678	86.1883
2011	73.6960	89.8115	81.7537
2012	65.3957	86.0196	75.7076
2013	70.9913	91.3647	81.1780
2014	65.4976	92.4116	78.9546
2015	63.0036	87.9053	75.4544
2016	87.8314	60.0000	73.9157

处理后的各分类指数走势图如图 5 – 1 所示。

整体来看，虽然采用了不同的数据和模型方法，但金融机构相互依赖指数与金融机构网络结构指数基本上保持了同步，均在整体上呈现出震荡下行的趋势。这与一般直觉与观察是一致的，即随着中国金融体系市场化改革和全球化发展的不断深入，金融机构日益依靠重视

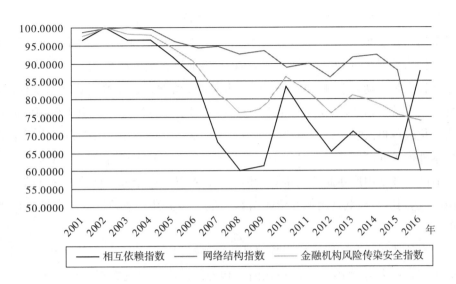

图 5-1 金融机构风险传染安全指数及分类指数

自身的风险管理、流动性管理和盈利管理，这必然导致金融机构之间的业务关联、市场关联和信息管理程度不断提高，从而导致全国甚至全球金融企业更为紧密地相互联系起来成为一个整体，这一紧密管理也就使得各类冲击更容易在金融体系内通过各种机制在金融机构之间相互传染，并可能最终导致系统性风险的形成。

在上述大趋势基础上，相关指数以 2008 年为中间点，在前后还是表现出一些不同的特征，这不仅反映了中国金融体系改革的进程，也充分反映了金融危机冲击的影响。金融机构相互依赖指数和网络结构指数在 2001—2004 年均波动较小且保持在较高水平，其原因主要是当时银行间市场发展尚不成熟，利率市场化改革与金融机构改革也才起步不久，同业市场交易量还不高，利率水平也较平稳，这导致金融机构间的业务关联规模相对较小，风险传染的可能性也相应较小。

2004 年 10 月，金融机构贷款利率上限被完全放开，银行业的市场竞争日益加剧；尤其是 2007 年，上海银行间同业拆借利率作为货币市场基准利率指标体系开始推出，同时市场流动性泛滥，银行间同业拆借市场交易量在当年获得了巨大增长。相应地，金融机构相互依赖指数和网络结构指数在 2004—2008 年出现了一个快速下降的时期，充分反映了外部环境压力下银行间业务关联程度的大幅上升。同时，金融机构改革也使得金融机构数量在 2007 年大幅减少，市场集中化程度得以上升，从而导致金融机构网络结构的显著变化和网络稳定性的下降。

2008 年之后的一段时间，随着全球性金融危机的全面爆发和国家各项应急措施的推出，金融机构的发展处于一个"异常期"。金融机构资产规模的快速扩张使得同业交易的相对规模有所下降，这降低了金融机构间的相互关联程度，但金融机构网络结构的稳定性则进一步恶化。随着金融危机的不断扩散与深化，金融应急措施的后遗症也逐步显现，金融市场的信用风险和流动性风险不断集聚，同时各金融机构开始采取各种措施补充资本金和加强流动性管理。这些使得相关指数在 2008—2016 年出现大幅度的双向波动。

金融机构相互依赖指数在 2008 年达到最低，并在 2010 年出现大幅反弹后重回下降趋势，网络结构指数则在 2012 年达到最低。2013 年前后，金融机构的流动性风险开始加剧，市场利率高且大幅波动，金融机构加强了自身流动性管理，这导致同业交易规模出现萎缩，并相应使得两个分类指数均在 2013 年出现反弹。2014 年至 2016 年，由于金融危机而被延缓的利率市场化改革再次提速，金融机构改革也不断深入，同时中国金融市场出现了市场大幅波动和资本外流等问题，使得金融机构更多依赖于同业交易来进行流动性管理和资产负债管理，银行业的市场集中度在此期间也有所增加。这些导致两个分类指数中网络结构指数下滑并在 2016 年达到历史最低点而相互依赖指数出现大幅上升，金融机构安全情况也呈现逐年恶化趋势。

结合相互依赖指数和网络结构指数得到的金融机构风险传染金融安全指数，综合反映了中国金融机构在过去将近 16 年时间里在内部和外部冲击下出现大规模风险传染并导致系统性风险出现的潜在可能，指数越低表明这种可能性越高。正如本章开篇所指出的，该指数并不包含内部和外部冲击本身发生的可能性。

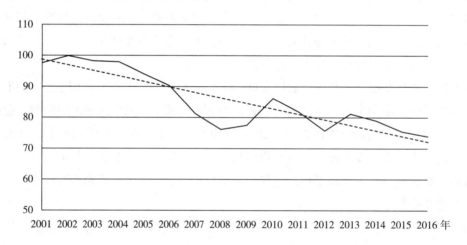

图 5−2　金融机构风险传染安全指数

如图 5−2 所示，中国金融机构风险传染安全指数在 2001 年至 2016 年基本呈逐年递减趋势，只有在金融危机爆发的 2008 年及危机影响逐渐消散的 2012 年出现明显拐点。虽然影响指数走势的因素很复杂，但从前述对分类指数走势的分析来看，包括利率市场化、同业市场发展、金融机构改革在内的中国金融体制改革的不断深入，以及金融行业日益市场化的内在规律是影响指数整体趋势的主要原因。

二、金融市场风险传染安全评估

通过计算得到的中国金融市场内部市场传染指标值、外部市场传染指标值和金融市场风险传染安全指标值如表 5−6 所示。

表 5 - 6 金融市场风险传染安全指标值

年份	内部市场传染指标	外部市场传染指标	金融市场风险传染安全指数
2001	0.0054	0.0054	0.0054
2002	0.0051	0.0082	0.0066
2003	0.0075	0.0057	0.0066
2004	0.0110	0.0065	0.0088
2005	0.0120	0.0066	0.0093
2006	0.0254	0.0128	0.0191
2007	0.0262	0.0131	0.0197
2008	0.0417	0.0234	0.0325
2009	0.0642	0.0258	0.0450
2010	0.0648	0.0358	0.0503
2011	0.0668	0.0284	0.0476
2012	0.0587	0.0465	0.0526
2013	0.0543	0.0305	0.0424
2014	0.0302	0.0144	0.0223
2015	0.0382	0.0165	0.0273
2016	0.0495	0.0254	0.0375

经功效系数法处理后的金融市场风险传染安全指数及分类指数如表 5 - 7 所示。

表 5 - 7 金融市场风险传染安全指数及分类指数

年份	内部市场传染指数	外部市场传染指数	金融市场风险传染安全指数
2001	99.8145	100.0000	99.9072
2002	100.0000	97.2493	98.6246
2003	98.4158	99.7312	99.0735
2004	96.1405	98.9456	97.5431
2005	95.5155	98.8589	97.1872
2006	86.8055	92.8156	89.8105
2007	86.2809	92.4634	89.3721
2008	76.2639	82.5072	79.3855
2009	61.6664	80.1521	70.9092
2010	61.2679	70.3981	65.8330
2011	60.0000	77.6036	68.8018
2012	65.2315	60.0000	62.6158
2013	68.1248	75.5459	71.8354
2014	83.7415	91.2746	87.5080
2015	78.5501	89.2021	83.8761
2016	71.2021	80.5190	75.8605

各指数走势图如图 5 – 3 所示。

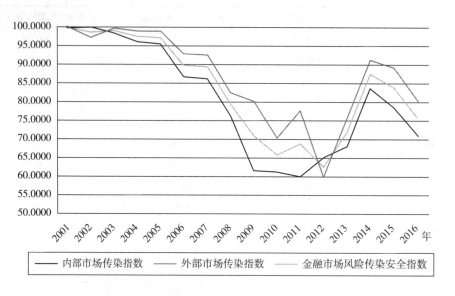

图 5 – 3　金融市场风险传染安全指数及分类指数

由图 5 – 3 可以看出，内部市场传染指数与外部市场传染指数在 2001 年至 2016 年整个区间都表现出很强的同步性，即国内各金融子市场之间以及国内同国外各子市场之间的相互关联强度是同步的。

两个传染指数在 2007 年之前都比较高，而从金融危机爆发的 2008 年开始快速下降，内部市场传染指数和外部市场传染指数分别在 2011 年和 2012 年达到最低点后均出现了快速上升，但又均在 2015 年开始下降。

2001—2005 年，中国各金融子市场均处于相对割裂的状态，而作为一个整体与海外金融市场之间也是相互分割的，各子市场之间的相关性都很低。2006 年，两个分类指数有了第一次显著下降，其中随着中国股票市场股权分置改革的启动和证券市场的快速活跃，股票市场开始处于中国金融子市场相互关联的核心，其与货币市场、金属期货市场都有较强的相互关联；同时，2005 年开始的人民币汇率形成机制改革和不断推进的利率市场化，提高了外汇市场和债券市场的市场化水平，使相关价格更能反映市场供求，从而两者之间的相互关联在此期间也得以提高，但外汇市场还主要受中央银行政策影响，在市场体系中与国内其他子市场之间的关联还较低；此外，两个商品期货市场之间、债券市场与外汇市场之间也都存在显著关联。同时，中国与海外市场的关联性也开始增强，但主要还是表现在各子市场与香港证券市场之间的关联上，与其他海外市场之间还未显现出较强关联性。

2008—2012 年，由于金融危机对包括国内市场在内的全球金融市场的冲击以及中国金融市场对内市场化改革和对外开放力度的增强，各金融子市场之间（包括国内子市场间及国内同海外市场间）的相互关联从 2008 年开始均明显加强，几乎每个子市场都与其他若干子市场之间存在显著的相互关联，并且不存在市场间的相互分割，这与 2006 年之前的状况形成了鲜明的对比。另一个显著特征是，国内股票市场与货币市场之间的强关联成为国内市场关联的核心，其次是货币市场和外汇市场，这充分表现出市场流动性在此期间的重要性，而国内股票市场与其他各市场之间的相关性则明显下降。同时国内股票市场和外汇市场同香港股票市场的关联性也有明显提高。这种增长势头持续到 2010 年左右，各子市场之间的相互关联性基本达到了区间的最大值。2011 年市场关联情况得到进一步强化，国内股票市场、货币市场和外汇市场两两之间存在的显著关联成为了国内市场相关性的核心，但作为国内同海外市场相关性核心的国内外汇市场、货币市场、股票市场同香港股票市场之间的相互关联性有所下降，这导致国内与国外市场之间整体的关联性稍有下降。2012 年，由于样本中开始加入了 MSCI 发展中国家指数，其显示出国内外汇市场、货币市场、股票市场同发展中国家股票市场均存在较强的关联性，外部市场传染指数在当年达到最低。

2013—2016 年，无论是国内股票市场、外汇市场、货币市场两两之间的相互关联性，还是这三类子市场同与其他国内子市场之间的相关性均有所下降；同时国内货币市场、外汇市场、股票市场与香港股票市场、发展中国家股票市场之间的相互关联性也都有下降。2014 年，两大分类指数均达到 2008 年以来的最高点，不仅跨子市场的联动性已大幅下降，而且子市场内部的联动性也有所下降。2015—2016 年，各金融子市场的相互关联性略有提高，尤其是国内股票市场与货币市场之间的相互关联性得到进一步增强，但整体来看内部关联性已显著低于历史高点，尤其是国内市场与海外市场之间的外部关联性下降幅度较大。

结合内部市场传染指数和外部市场传染指数得到的金融市场风险传染安全指数，综合反映了中国金融市场在过去将近 16 年间内部子市场之间以及内部金融市场与海外金融市场之间的联动关系，从而体现了金融子市场之间产生跨市场波动并进而引发整个市场大幅度波动的可能性，指数越低表明这种可能性越高。同样，该指数并不包含单个金融子市场发生风险事件的可能性。

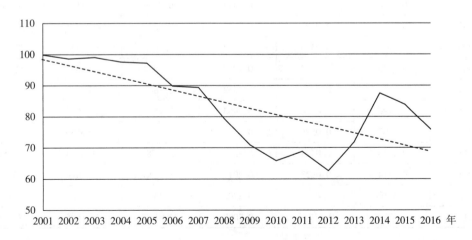

图 5-4　金融市场风险传染安全指数

如图 5-4 所示，中国金融市场风险传染安全指数在 2001—2016 年基本呈逐年递减的趋势，但金融危机加深了这一趋势，使得指数出现快速下跌，而2014年至2016年的情况可以看做从金融危机中的恢复和原有趋势的延续。另外，由于2016年可获得的金融市场数据不全，结果可能会有误差，但从整体趋势来看变化不大。从整个趋势和前文对分类指数的分析来看，中国金融体制改革的深入，尤其是相关金融子市场的改革，以及金融市场的全球化发展是影响指数整体趋势的主要原因。

第三节 结论与展望

一、结论

利用金融体系的国内外数据，从风险传染性出发，本章分别对中国金融机构和金融市场的金融安全状况进行了评估，并基于得到的指数，按照一定权重计算得到了从风险传染性出发反映中国金融安全状况的综合指数，即中国金融风险传染安全指数。

表 5 - 8 金融安全指数汇总

年份	未处理结果			经功效系数法处理后结果		
	金融机构风险传染安全指标	金融市场风险传染安全指标	金融风险传染安全指标	金融机构风险传染安全指数	金融市场风险传染安全指数	金融风险传染安全指数
2001	0.1171	0.0054	0.0612	97.6093	99.9072	98.75825
2002	0.0776	0.0066	0.0421	99.8886	98.6246	99.2566
2003	0.0772	0.0066	0.0419	98.2622	99.0735	98.66785
2004	0.0967	0.0088	0.0527	97.9478	97.5431	97.74545
2005	0.2074	0.0093	0.1084	94.0381	97.1872	95.61265
2006	0.2756	0.0191	0.1474	90.2639	89.8105	90.0372
2007	0.3054	0.0197	0.1625	81.37	89.3721	85.37105
2008	0.3962	0.0325	0.2144	76.1428	79.3855	77.76415
2009	0.3546	0.0450	0.1998	77.5029	70.9092	74.20605
2010	0.4601	0.0503	0.2552	86.1883	65.833	76.01065
2011	0.4490	0.0476	0.2483	81.7537	68.8018	75.27775
2012	0.5869	0.0526	0.3198	75.7076	62.6158	69.1617
2013	0.4043	0.0424	0.2234	81.178	71.8354	76.5067
2014	0.3814	0.0223	0.2018	78.9546	87.508	83.2313
2015	0.5310	0.0273	0.2792	75.4544	83.8761	79.66525
2016	1.3789	0.03746	0.7082	73.9157	75.8605	74.8881

各指数整体走势图如图5-5所示。

如图5-5所示，除2012年及2014年出现拐点外，中国金融风险传染安全指数基本呈逐年降低的趋势，这一结论同金融机构风险传染安全指数和金融市场风险传染安全指数的趋

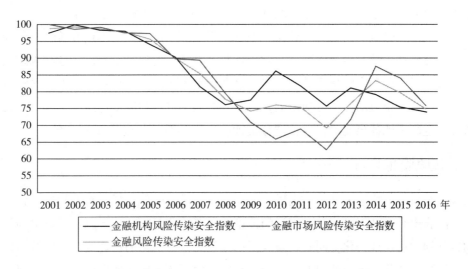

图5-5　金融风险传染安全指数

势相一致；纵观最近几年国内的金融安全形势，虽然较2008年金融危机后有所好转，但仍然有恶化的趋势。自2014年之后经历了金融机构改革、利率市场化、股市动荡及世界经济局势不稳定等，一系列内部和外部冲击使得我国整体金融安全形势在逐年恶化。特别是在2016年有国内股市熔断、债市暴跌、楼市暴涨及国外英国脱欧等大事件的发生，导致市场剧烈波动和资本外流，从而使得两个分类指数持续下降，反映出我国金融机构和金融市场的安全情况均出现进一步恶化；另外考虑到2016年可获得的数据不全，结果可能存在误差，但整体趋势仍然显示出我国的整体金融风险传染安全形势趋于恶化。基于上述分析，我们可以得到如下重要的结论。

第一，在决定中国金融风险传染性的众多因素中，制度因素始终是最为重要的。过去十多年，正是中国金融体制改革最为关键的时期。无论是金融监管体系改革还是金融机构改革，抑或是证券市场改革与利率和汇率形成机制改革，或者金融创新的不断发展，其始终坚持的市场化方向和不断扩大的对外开放，以及金融全球化的大背景，都使得金融机构之间和金融子市场之间的各种相互关联关系在整体上呈现出了越来越强的趋势，这导致局部的内生性或外生性风险冲击越来越容易在金融体系内造成大面积传染，从而提高了系统性风险形成的可能性。2008年金融危机的冲击和后续一系列经济金融政策的调整对上述趋势是有显著影响的，但这一影响就如同不会改变中国金融体制改革的总体方向一样，虽然会导致一定时期的波动，但并不会改变大的趋势。

第二，金融风险传染具有多层次、多通道和交互式的复杂特征，从历史发展来看，流动性问题日益成为金融机构之间和金融子市场之间越来越紧密关联的一个关键问题。一方面，由于金融本身所固有的高杠杆性，市场流动性极易快速放大和萎缩，流动性风险可以在短时期内急剧放大；另一方面，市场流动性很容易通过金融市场在不同金融机构之间、不同金融子市场之间快速周转，不仅影响各金融机构的业务经营和风险管理，也影响到市场价格和交易量。市场流动性的这种易变性和扩散性，不仅在 2008 年以来的全球性金融危机中，而且在过去几年中国金融市场出现的"钱荒"现象、2015 年与 2016 年证券市场的剧烈冲击和外汇市场的大幅波动等都有显著体现。金融机构和金融子市场通过市场流动性越来越紧密联系起来，而这种紧密联系又使得流动性冲击更易在整个系统内快速传播，一方面这种紧密联系能使系统更容易分担流动性冲击的影响，但另一方面一旦这种冲击达到一定程度，就更容易导致系统的全面失能甚至崩溃，这种"稳健而脆弱"的特征将会是一个常态。

二、风险隐患分析

随着金融体系的快速发展，新金融业态、金融产品、金融市场具有新的风险特征，致使系统性风险隐患具有高度隐蔽性、广泛的传染性和跨行业等特点，导致传统风险预警系统及风险预警计划的适用性恶化。同时，随着国民经济和金融形势的快速变化，银行不良贷款和银行业的迅速商业化、国家信用的过度使用及影子银行体系的快速发展都极大地促进了金融风险的形成。因此，我们不得不重视当前的金融机构和金融市场存在的一些风险隐患，列出以下几点。

第一，银行商业化的快速发展，强化了银行业的绩效目标管理，开展业务的逐利动机增强，开始寻找正常信贷业务以外的盈利模式。适逢银行间同业拆借市场和债券市场的快速扩容，银行类金融机构的自营投资业务和同业业务利润占比同步提升，不但进一步削弱了银行放贷的积极性，与此同时，银行的风险传播程度与国有银行银行间业务占比的相关性上升。国有商业银行的比例增加可以减少由于受感染风险而造成的资产损失，因为国有银行的资本实力较强，能够抵御较大的外界冲击，商业银行之间发生风险传染的可能性也因此降低（王晓枫，2017）。国有银行的发展过程中同业资产的扩张与风险承担较为匹配，监管者应适度关注股份制银行和城商行的同业业务交易中可能存在的风险。

第二，长期以来，中国的监管机构一直要求不良贷款的绝对下降、不良贷款占所有贷款的比例下降。因此，在 21 世纪初，双降指标监管在提高银行资产质量和消除不良贷款造成的金融风险方面发挥了积极作用。然而，在中国的金融市场，金融产品的快速发展、商业银行的使用多样化，双降指标对信贷资金的"挤出"效应超过了其金融稳定的影响。同时，大多数金融机构和国有企业都有潜在的国家信用担保。在传统信贷业务领域，银行信贷资金日益集中于国有企业，导致国有企业债务的快速增长。过度使用国家信贷，不仅增加了国有企业债务的风险，还导致了信贷资金的不匹配。另一方面，依靠国家信贷，银行同业业务大幅增长。银行间同业业务的发展为银行资金"脱实向虚"提供了帮助，提高了政府的信用担保额，增加了潜在的风险处置成本。

第三，影子银行体系发展的影响。在"大资管时代"的口号指导下，近年来非金融机构资产管理业务被迅速松绑，以信托公司、证券公司、基金公司及保险公司为代表的非银行机构大力拓宽资产管理业务。而我国长期以来以间接融资为主的金融结构，导致资金主要集中于银行体系。非银机构资管业务只能以银行业为主攻对象，争取银行资金支持。与此同时，为规避不良资产风险、双降指标考核和分业监管限制，商业银行也有积极性不断深化与非银机构合作。以银行金融产品为代表的银行资金开始向资本市场和实体经济借入非银行渠道，创造不受监管的大型表外资产，非银行机构也在利用这些渠道进行大规模的资产管理。以银行理财产品为代表的银行资金遂开始借用非银机构通道进入资本市场和实体经济，形成了不受监管的庞大表外资产，而非银机构也借助此类通道业务迅速做大规模。目前借道非银机构的银行资金的运用和风险管理游离在银行监管机构的视野之外，对银行体系稳定构成了重大潜在威胁（张跃文，2017）。

第四，2016 年以来国际政治经济格局复杂多变，"黑天鹅"事件多发，存在一些冲击的可能。金融机构和金融子市场通过市场流动性越来越紧密地联系起来，而这种紧密联系又使得流动性冲击更易在整个系统内快速传播，这种流动性不仅影响各金融机构的业务经营和风险管理，也影响到市场价格和交易量。一方面这种紧密联系能使系统更容易分担流动性冲击的影响，但另一方面一旦这种冲击达到一定程度，就更容易导致系统的全面失能甚至崩溃。

三、政策建议

基于以上分析，本章认为，上述趋势及其特点以及趋势背后的政治经济因素将在长期内影响中国金融风险传染安全的整体态势，即使这一趋势受到一些突发事件的影响也不会最终改变。尤其是随着中国证券市场、利率市场和外汇市场市场化改革的加速推进，这一趋势可能在未来几年内进一步加速，这必然给中国的金融监管带来新的挑战。有鉴于此，本章在最后提出如下相关政策建议，以供参考。

第一，坚持市场化和对内对外开放的改革方向，提高金融体系活力。虽然这会通过提高金融体系的内在关联而加大金融风险的传染性，但不能"因噎废食"，因为只有提高金融体系活力才能增强金融体系在面对金融风险冲击时的系统弹性，提高金融机构的抗风险能力和金融市场的自我恢复能力。

第二，强化宏观审慎监管，加强跨市场和跨机构监管能力。在当前金融自由化的趋势下，应该逐步改革现有分业监管局面，建立大金融体系，强化体系监管，关注风险事件导致的跨市场波动。

第三，加强流动性风险的监管和处置能力。目前，流动性风险问题已日益受到国际监管层的重视，但流动性易变性和扩散性增加了流动性风险的监管难度。针对这一情况，应该充分利用现有金融基础设施和技术条件，例如现代化支付系统、电子化金融交易系统和信息管理系统等，增强对市场交易数据的监控能力和大数据处理能力，努力实现对金融市场的实时监管和对流动性风险的实时预警。

第四，建立成体系的系统性风险应急处理措施。基于金融的自身规律，局部性金融风险是不可避免的，因此金融监管的关键在于如何防范局部性金融风险发展成为全局性金融危机，如何"守住不发生系统性金融风险"的底线。这不仅要求有一整套稳健的金融基础设施，还要求建立成体系的系统性风险应急处理措施，以快速判断外部干预的时机、方式和方法，降低干预成本，提高干预效率。

　　第五，金融市场各子市场间的联动现象是由经济基础效应、市场传染效应和政策冲击效应等多种因素共同作用的结果（李岸，2016），因此要从这三方入手，积极推动经济"脱虚向实"，实行较为温和的经济政策，把握好新形势下金融风险隐患形成逻辑的重大变化，有效治理金融风险，妥善处置风险隐患，营造保障供给侧结构性改革必需的良好金融环境。

第六章　经济运行安全评估

前面我们侧重从金融机构及金融市场的角度对金融系统的稳定性及安全状态进行了评估，这是我们金融安全状况评估的最为核心部分。但是，金融系统仅为国民经济的重要组成部分，我们需将金融系统植根于经济系统中，研究经济系统隐患的评估，找出我国金融安全存在的隐患，并通过各部门的资产负债关联来研究金融安全对我国宏观经济的相互影响及传染路径。

第一节　评估体系和指数构建

一、经济系统中金融安全评估的模型

一般采用四种模型：一是早期预警模型。Goldstein、Kaminsky 和 Reinhart（2000）运用 1970—1995 年的数据来计算指标的最优临界值，同时用 1996—1997 年末的数据，利用评估信号法识别受亚洲金融危机影响最深的国家。二是投资银行的早期风险预警模型。美国银行 The Bank of America（November 2002）Currency Crisis Indicator（Monograph 182，Volume 30）衡量了 18 个新兴经济体的货币贬值风险，其中用到了 3 种全球通用的风险预警指标和 8 种美国特有的风险预警指标，观测值导入了 five - tier 评分系统，得分作为面板数据进行分析。瑞士联合银行 The UBS financial vulnerability indicator（UBS Investment Research，6/2006）衡量了 16 个新兴经济体的主权债务违约风险，以确定外部筹融资比例。三是 IMF 的早期预警体系。IMF 早在 2001 年就建立了风险预警体系（VE），实则加强 20 世纪 90 年代新兴经济体抵御危机的风险基金管控。这项实践最初用的是 Berg 和 Pattillo（1999）模型。四是资产负债表的方法。CCA 方法的核心是把各部门的权益或担保看做期权，并运用期权定价模型进行定价，用于估算宏观经济的风险暴露。Gray（2001，2002）、Gray 和 Malone（2008），以及 Gray、Merton 和 Bodie（2002，2006，2008）等运用这种方法对宏观金融风险进行了阐述，具体用于以下领域：主权部门的风险度量及可持续探讨、银行系统性风险度量、国家风险压力测试、企业部门脆弱性及其与国民经济的联动性等。Grayetal（2008）、Castren 和 Kavonius（2009）等运用金融网络模型探讨了各部门间的风险转移路径。这种方法能够进一步认清宏观金融风险的源头及传染模式，进而全面地分析负面冲击在宏观金融中的传导过程

及其对宏观经济、金融脆弱性的影响作用。

二、经济系统中金融安全评估的指标体系

"潜在风险"的识别指标囊括 19 种变量（IMF，2011），分别取自宏观经济四大区间：进出口贸易、公共经济、金融经济、实体经济。Kaminsky 等人（1998）罗列了 105 个解释变量，其中有内生性的、金融的、实际的、政策相关的、制度的、政治上的变量等。对前人研究进行总结归纳较为全面的还有 Hawkins 和 Klau（2000）以及 Abiad（2003）。Frankel 和 Saravelos（2012）对 2002 年以来的七篇文献进行了综合分析，发现外汇储备、实际汇率、借贷利率增长、通货膨胀率是最常用到的统计指标。学术界和监管部门对各类指标体系进行了详细论述，具体包括 Jeff Frankel（2011）、亚洲开发银行（2006）、全球金融稳定报告指标体系、世界银行和 IMF（2004）金融稳健指标集等。次贷危机后，其指标体系发生了一定的偏移，《全球金融稳定报告》（2009）认为，从被检验的全球金融机构样本来看，杠杆比率[①]和资产回报率被证明是最可靠的指标，而资本资产比率和不良贷款数据则缺乏预测能力。Obstfeld，Shambaugh 和 Taylor（2009，2010）发现过度的外汇储备（相对于 M_2）是预测外汇贬值的有利指标，但是还不能作为金融危机的预警指标。Rose 和 Spiegel（2009a；2009b）建立了一个实际 GDP、股市和国家信用评级以及汇率在内的模型，尽管样本量超过 Obstfeld，但是没有发现显著性的风险预警指标。Rose 和 Spiegel（2011）将样本数据更新到了 2009 年，发现货币贬值、股市萧条、GDP 下滑更能预示危机的到来。Berkmen 等人（2009）发现那些财务杠杆更大的国家更容易遭受经济的下滑，外汇汇率的灵活性能够起到补救作用。正如 Rose 和 Spiegel（2009a）以及 Blanchard 等人（2009）文章中提到的，外汇储备的影响并不显著。Lane 和 Milesi-Ferretti（2011）主要关注 GDP 变化以及国民消费需求水平，发现遭受危机重创的国家都兼具以下四个特点：第一，危机前经济增幅非常快；第二，经常性账户赤字严重；第三，贸易开放程度较高；第四，制造业占比较高。Laudes、Salman 和 Chivakul（2011）以及 Dominguez、Hashimoto 和 Ito（2011）还发现新兴市场在 2007 年前备有危机储备基金的受创较小。Reinhart 和 Rogoff（2012）认为经济体的高度杠杆运转，容易遭遇信心的不稳定与变化无常，尤其当大规模短期债务需要不断延期时，经济金融很有可能遭遇金融危机。同时他基于全球数据提出了"90、60"标准：发达经济体和新兴市场经济体都存在相似的公共债务阈值，即在正常债务水平时，政府债务与 GDP 实际增长率之间表现为弱相关关系；当公共债务占 GDP 比例超过 90% 时，每增长一个百分点，GDP 实际增长率的中值大致下降一个百分点；外债规模占 GDP 比例超过 60% 的国家，经济增长会出现明显恶化，当比重超过 90% 时，经济大多会出现衰退。

---

① 债务占普通股的比例；短期债务占总债务的比例。

三、评估框架与指标体系选择

(一) 评估框架

从最近研究发展趋势及各国实践来看，金融安全的评估存在以下变化趋势：一是从准确预测预警危机发生时刻转向全面评估金融系统的潜在风险，金融稳定分析的内容是金融体系抵御不可预见冲击的能力。二是金融安全评估范围扩展到整个经济系统，金融系统的稳定主要依靠构成系统的机构、体系和管理安排。因为金融系统也影响或被宏观经济环境影响，不稳定的影响或冲击可能来自其内或其外部，能相互作用引发一个比局部影响总和要大得多的整体影响。三是在指标体系的选择上面，更为强调经济金融杠杆率、金融周期的运行和经济体系各部分的资产负债结构。

为此，本部分拟结合资产负债表的分析方法，将国民经济部门分为住户、金融企业、非金融企业、公共部门四大部门，将金融部门置于国民经济体系中，对整体金融安全进行评估。评估框架拟解决以下问题：第一，宏观经济金融状况监测，用于评估金融部门受某一特定冲击或组合性冲击时面临的主要风险，一般采用 EWS 模型中的指标体系，对金融体系带来极大冲击的可能性进行前瞻性评估；第二，各经济部门的资产负债状况分析，包括两个问题：一是宏观财务联系分析力图了解引发冲击的风险敞口如何通过金融体系传递到宏观经济，评估金融部门对宏观经济状况的冲击效果，所需要的数据包括各部门的资产负债表、私营部门获得融资的指标；二是宏观经济状况的监测，主要是监测金融体系对宏观经济状况的总体影响，特别是对债务可持续性的影响。

(二) 指标体系

依托金融安全评估的定义与本部分的分析框架，我们将指标体系分为两类：一类是经济运行中的金融风险评估；另一类是经济运行中的金融发展状况评估。具体指标体系如表6－1及表6－2所示。

表6－1   经济运行中的金融风险评估指标体系

一级指标	二级指标	三级指标	衡量风险	数据来源
宏观经济金融指标	经济增速	实际 GDP 增速	经济波动风险	Wind
	物价指标	CPI、PPI	通胀通缩风险	Wind
	金融环境	社会融资规模同比增长、M_2/GDP、M_2 同比增速、私营部门信贷同比增长	金融周期波动风险	Wind、世界银行数据库
	人民币运行	中国出口美国指数、热钱、外汇占款	人民币风险	Wind
	总杠杆率	扣除金融部门后社会各部门负债/GDP	杠杆率风险[1]	Wind、CEIC、李扬（2013，2015）[2]

---

[1] 居民部门杠杆率债务数据为贷款，不包含债券，为住户部门消费性贷款加上经营性贷款。非金融企业部门杠杆率为信贷资金加债务类金融工具加其他金融工具获得的资金。政府部门杠杆率为中央政府债务加地方政府债务。金融机构杠杆率剔除了通货与存款，仅金融部门发行的债务余额。此处杠杆率为实体经济部门总杠杆率，即不含金融部门的其他各部门杠杆率加总。

[2] 李扬（2013，2015）中缺失 2011 年和 2013 年的数据，本报告进行了插值处理。

续表

一级指标	二级指标	三级指标	衡量风险	数据来源
非金融企业部门	杠杆率	总负债占股本比率	非金融企业部门风险评估	CEIC、Wind
	收益与偿债能力	工业企业主营业务收入同比增长、工业企业盈利数量占比		国务院发展研究中心（DRC）行业景气监测平台、CEIC
住户部门	杠杆率	（私营企业及个体贷款＋个人短期消费贷款和个人中长期贷款）/GDP	住户部门风险评估	Wind、CEIC、李扬（2013，2015）
	偿债能力	住户部门可支配收入/住户部门贷款余额		Wind
公共部门	杠杆率	显性债务余额/GDP	公共部门稳定性评估	李扬（2013）、Wind、CEIC
	偿债能力	赤字率		Wind、BVD
	中央银行资产负债结构	中央银行对其他存款性公司债权/GDP、中央银行资产总额/GDP		Wind

表 6 – 2 　　　　　　　　　　经济运行中的金融发展评估指标体系

指标	经济含义	数据来源
国民总储蓄率	一国总体储蓄能力	世界银行数据库
劳动人口（15～64 岁）占比	人口结构变化	Wind
全要素生产率	生产率变化	BVD
实际贷款加权平均利率[①]	实体经济资金价格	Wind

第二节　评估结果与分析

图 6 – 1 显示了 2001 年至 2016 年我国经济运行安全指数、经济运行发展指数以及经济运行风险指数。从图中我们可以发现，2001 年以来，我国经济运行安全评估状况大致可以分为四个阶段：一是 2001—2007 年，我国加入世贸组织以来，经济活力与发展动力进一步释放，经济长期发展动力与短期驱动因素逐年向好，经济运行安全指数从 2001 年的 74.99 上升至 2007 年的 84.90；二是次贷危机后，我国经济运行开始恶化，金融安全指数从 2007 年的 84.90 下降到 2009 年的 74.12；三是次贷危机后的恢复时期，由于大规模刺激政策的影响，我国经济迅速好转，金融安全指数从 2009 年的 74.12 上升至 2010 年的 81.74；四是转型阵痛期导致我国经济运行恶化，从 2010 年的 81.74 迅速下降到 2016 年的 74.16，相比于 2015 年的 73.27，2016 年我国经济运行安全指数略有上升，但是整体评分不高。

面对我国经济运行安全指数的恶化，2016 年国家发改委指出，要加大供给侧改革的力度，指出 2016 年及今后一个时期的五项重要任务是"三去一降一补"，并且中央经济工作

---

① 由于人民银行从 2008 年才开始公布贷款加权平均利率，因此 2007 年以前的数据为一年期名义贷款利率。

会议把"去产能"列为 2016 年五大结构性改革任务之首，并明确了"多兼并重组，少破产清算"的思路，相比于 2015 年，2016 年我国工业企业盈利比例以及主营业务收入均出现一定程度的好转。但值得注意的是，2016 年影响我国经济长期增长动力的全要素生产率、劳动力、国民总储蓄率等因素进一步恶化，除此之外，2016 年我国实体经济部门杠杆率风险进一步加剧，结构性矛盾凸显，部分部门去杠杆的压力与加杠杆的空间并存。这表明我国供给侧改革在局部取得了一定程度的效果，但是整体而言经济转型依然任重道远，标志着我们需要高度关注金融安全问题，尤其是全社会杠杆率的不平衡问题，经济长期可持续发展问题，应采取措施降低金融风险，避免系统性风险和区域性风险。

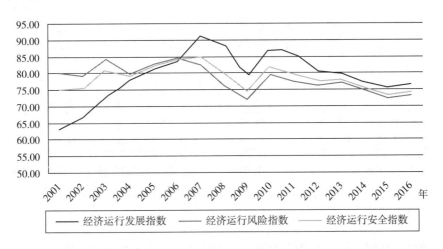

图 6-1　我国经济运行中的金融安全评估图及其两个维度（2001—2016 年）

进一步分析图 6-1 的评估结果可以发现：第一，经济运行发展指数、经济运行风险指数和经济运行安全指数三者有着相同的发展趋势。这说明在经济发展良好的时期，经济安全性较高；经济发展较低迷的时期，经济安全性较低。第二，综合来看，2008 年与 2011 年是金融安全状态下滑程度最剧烈的时期，而且从 2011 年以来，我国金融安全状态出现趋势性下滑。第三，与 2008 年次贷危机相比，当前我们遭遇了历时更久、更为严峻的金融安全挑战。第四，2016 年我国经济运行安全指数、经济运行发展指数、经济运行风险指数均出现小幅度上升，说明我国经济整体向好，经济"硬着陆"的风险降低，但是杠杆率风险依然严峻。具体如表 6-3 所示。

表 6-3　　　　　　　　　　经济运行安全指数（2001—2016 年）

年份	经济波动风险	通胀通缩风险	金融周期波动风险	人民币运行风险	总杠杆率风险	非金融企业部门风险	住户部门风险	公共部门风险	经济运行发展指数	经济运行风险指数	经济运行安全指数
2001	60.00	88.48	81.41	76.27	84.26	80.00	100.00	70.41	63.07	80.10	74.99
2002	65.66	74.89	88.93	85.91	77.84	75.61	89.67	74.92	66.57	79.18	75.39
2003	71.92	96.12	87.31	95.64	73.83	87.88	84.60	75.97	72.79	84.16	80.75

续表

年份	经济波动风险	通胀通缩风险	金融周期波动风险	人民币运行风险	总杠杆率风险	非金融企业部门风险	住户部门风险	公共部门风险	经济运行发展指数	经济运行风险指数	经济运行安全指数
2004	73.59	78.93	83.69	90.34	75.43	80.81	75.65	78.41	78.11	79.61	79.16
2005	81.90	89.91	85.89	91.38	78.20	79.46	76.21	78.05	81.06	82.62	82.16
2006	90.41	95.47	85.66	91.68	76.43	81.16	75.00	80.17	83.75	84.50	84.28
2007	100.00	84.24	84.24	79.76	76.10	80.07	72.95	81.24	90.90	82.32	84.90
2008	76.09	62.35	81.84	82.34	76.78	76.44	73.93	78.85	88.54	76.08	79.81
2009	75.95	63.29	77.18	73.12	72.04	73.03	68.42	73.09	79.03	72.02	74.12
2010	84.05	85.13	88.25	84.95	70.37	81.58	65.65	75.01	87.25	79.37	81.74
2011	79.25	69.08	84.25	86.14	72.07	79.68	65.25	82.00	86.01	77.22	79.85
2012	71.28	94.12	87.32	69.87	68.25	74.39	64.43	80.22	80.45	76.23	77.50
2013	71.98	93.39	86.69	81.38	64.99	74.47	63.01	79.93	79.87	76.98	77.85
2014	70.80	93.47	81.93	74.95	62.38	72.91	62.27	78.31	76.98	74.62	75.33
2015	69.92	78.48	87.62	69.58	65.50	70.16	61.34	75.29	75.67	72.24	73.27
2016	69.97	95.34	86.72	73.24	60.00	71.86	60.00	68.39	76.41	73.19	74.16

为进一步具体比较我国金融安全状态的演变过程，我们拟详细比较分析 2008 年次贷危机、2011 年以后转型阵痛期，以及 2016 年"十三五"规划后经济发展新时期，三个阶段经济运行安全隐患的差异。

一、2008—2009 年：次贷危机时期我国经济运行安全状态评估

将 2006—2009 年我国金融安全状况进行对比，如图 6－2 所示，从中我们可以发现，此次次贷危机对我国金融安全状态的影响主要分为以下几个方面：第一，经济波动风险加剧，相应指数从危机前的 100 下降至 75.95；第二，迅速由通胀转为通缩状态，相应指数从危机前的 95.47 下降至 63.29；金融周期波动风险加剧，相应指数从危机前的 85.66 下降至 77.18；总杠杆风险略有上升，相应指数从 76.43 下降至 72.04。

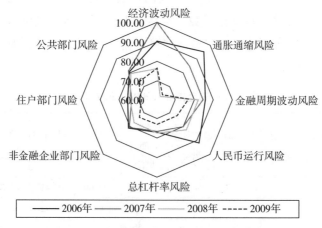

图 6－2　2006—2009 年经济运行安全状况

二、2011—2016 年：阵痛转型期我国经济运行安全总体情况

对比 2008 年、2010 年、2015 年与 2016 年我国金融安全状况，如图 6 - 3 所示。结合图 6 - 3 与表 6 - 3，我们可以发现，当前我国金融安全状况与 2008 年次贷危机时期以及次贷危机后的恢复时期相比，有以下几个显著区别：第一，经济波动风险更加严重，且经济增长速度下降存在长期的趋势性；第二，我国总体杠杆率不断上升，杠杆率风险逐渐增加，经济体的资产负债表脆弱性进一步增大。

由此我们可以发现，次贷危机与当前我国面临困境的主要差异：次贷危机的本质在于欧美经济衰退对我国净出口贸易的冲击；而近年来我国宏观经济发展面临的困难更大，世界经济深度调整、增速放缓，各种外部因素不可避免地对我国经济产生影响，但更为重要的是国内正处于经济增长速度换挡期、结构调整阵痛期、前期刺激政策消化期，"三期叠加"使得经济下行压力加大。

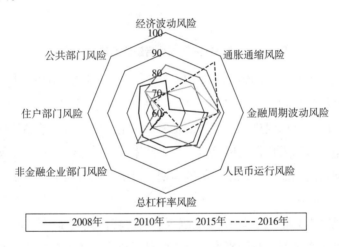

图 6 - 3　2008 年次贷危机后经济运行安全状况

与 2008 年和 2010 年相比，转型阵痛期间我国经济运行整体状况欠佳，经济运行风险指数较 2008 年的 76.08 与 2010 年的 79.37，2016 年风险指数评分仅为 73.19，整体呈现下降趋势，风险级别整体不容乐观。

三、2016 年经济运行安全评估

2015 年底，中央经济工作会议正式提出供给侧结构性改革的"三去一降一补"的经济改革方案，指出 2016 年经济工作的重点是去产能、去库存、去杠杆、降成本、补短板五大任务，同时 2016 年我国经济发展正式进入"十三五"规划。"三去一降一补"的经济改革方案是我国全面推行供给侧改革的集中反映，也给我国自 2011 年以来，长达 5 年的经济转型期带来了新的变化。

与 2015 年相比，2016 年经济运行风险指数从 72.24 上升至 73.19，经济运行发展指数

从 75.67 上升至 76.41、经济运行安全指数从 73.27 上升至 74.16，均出现一定程度的好转。除了经济发展指数的上升之外，还表现在通胀通缩风险大幅降低，人民币运行风险指数回升，非金融企业部门风险也出现一定程度的降低。

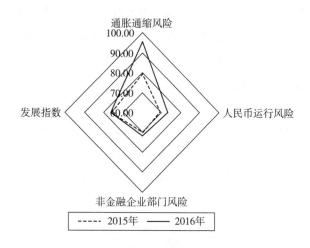

图 6-4　"十三五"规划后经济运行安全状况

图 6-4 中显示，2016 年全面推行供给侧改革，我国一些部门的经济运行安全状况出现好转。其中经济发展指数相于于 2015 年有所上升的最主要原因是，实际中长期贷款加权利率降低，在一定程度上可以促进国民经济的发展。但是经济发展指数整体评分不高，主要原因是国民总储蓄率、劳动人口占比以及全要素生产率这些决定经济长期发展动力的指标并没有好转，说明我国目前仍然处在调结构的阵痛期，经济长期发展动力不足，经济发展面临的风险依然存在。

人民币运行风险指数相比于 2015 年的表现有所好转，直接原因是 2016 年外汇储备虽然依然在减少，但是减速降低，我国资本外流速度显著放缓，热钱指数评分明显升高。这可能来自两方面的原因，一是美联储经过连续几轮加息之后，进一步大幅加息的空间不大，长期来看，美元指数虽有可能有所升值，但上涨的空间并不大。二是由于我国实行稳健的汇率政策，央行通过频繁的沟通和一定的干预防止人民币汇率的过度波动和预期恶化，短期人民币汇率大幅升值和贬值的基础都不具备，相对"一篮子"货币保持稳定最为重要和现实，人民币贬值压力暂时缓解。但是近年来我国外汇占款波动不断加剧，2016 年中国对美国的出口额出现近年来的首次负增长，这表明人民币运行风险依然存在，人民币运行风险的降低也不能只依靠汇率政策。长期来看，汇率政策干预的有效性在于国内经济走好的基础越来越牢固。尽管 2016 年人民币正式加入 SDR 使得其国际影响力提高，但是人民币国际化进程的推动依然需要国内经济发展作为基石。

同时非金融企业部门风险也呈现一定程度的降低，这主要来自我国工业企业主营业务收入增速提高以及工业企业盈利比例上升的原因，2016 年，全球经济持续缓慢复苏，我国经济新的内生增长动力正逐步形成，工业增速小幅提升。但是非金融企业部门的杠杆率依然存在，这是导致非金融企业部门潜在风险的根本原因。相比于其他指标的小幅上升，通胀通缩风险指数大幅上升，说明我国的通胀通缩风险得到了控制，CPI、PPI 重新回到合理区间。

　　相比于 2015 年，我国经济运行安全状况虽然整体有所好转，但是风险依然存在，金融安全问题依然严峻，主要体现在以下几方面：第一，总杠杆率风险进一步加剧，总杠杆率指数从 2015 年的 65.50 下降至 2016 年的 60.00，全社会杆杠率结构性矛盾凸显；第二，住户部门债务水平持续上升，居民偿债能力下降，导致住户部门风险加剧；第三，公共部门风险指数持续下降，从 2015 年的 75.29 跌至 2016 年的 68.39，降至"危险区域"。

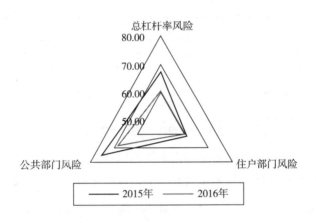

图 6-5　"十三五"规划后我国经济运行安全隐患

　　2016 年我国总杠杆率进一步增加，其中居民部门杠杆率、政府部门杠杆率、企业部门杠杆率均在增加，这些部门杠杆率增加都源于债务增长速度超过了 GDP 的增速。住户部门风险加剧的原因是住户部门贷款余额增加，导致住户部门杠杆率增加，2016 年新增 12.65 万亿元人民币贷款主要来源于居民中长期贷款（按揭贷款占比较高）。从分项数据来看，住户部门贷款中，长期贷款同比增长了 5.68 万亿元，较 2015 年同一指标的数据增长了 2.63 万亿元。公共部门风险增加的原因是公共部门赤字率的增加，原因可能来自以下两个方面。一是经济进入新常态，保持在较低的发展速度，实行积极的财政政策拉动内需需要政府的大量拨款；二是我国当下财政面临收支困境，财政收入增速逐步放缓，教育、医疗、社会保障等领域的刚性支出又在增加，财政支出差额加大。

第三节　当前我国经济运行中的安全隐患

一、经济增速长期偏低，产业结构调整在一定程度上陷入困境，是我国当前经济运行中最大的安全隐患

　　我国实际 GDP 增速以及 PMI 如图 6-6 所示。通过分析可知，我国实际 GDP 增速从

2010 年以来不断下滑，从 2010 年的 10.6% 下降至 2016 年的 6.7%。

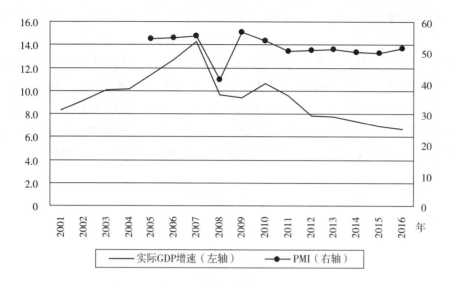

图 6 - 6　我国经济增长态势

从短期需求来看，我国经济快速企稳概率依然较低。近两年内，最终消费支出贡献度有所回升，而资本形成额贡献度与货物和服务净出口贡献度有所下降，如图 6 - 7 所示。

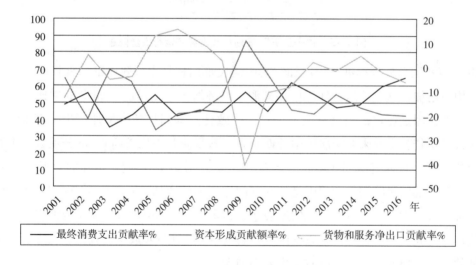

图 6 - 7　总需求对 GDP 贡献度

首先，中国经济是一个出口主导型经济，欧美经济形势直接影响中国的出口，从而影响国内产业结构的稳定和金融体系的稳定。2016 年，全球经济增速放缓，尤其欧元区经济增长疲软。图 6 - 8 显示了欧美经济增长指数与欧美失业率安全指数。其中，欧美经济增长指数与欧美失业率指数均呈下降态势。总体来看，欧元区的经济复苏中仍存在诸多风险，美国新一届政府强势推行收缩战略，在一定程度上出现逆全球化趋势。全球增长模式受到冲击，发达国家被迫改变过度消费和负债的模式，试图通过扩大投资与出口拉动经济增长，一些发达国家还推动"再工业化"和"制造业回流"，影响到我国净出口的增长。

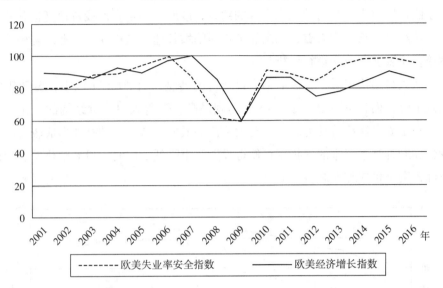

图6-8　欧美经济增长指数与欧美失业率安全指数

其次，我国投资短期内不会大幅上涨。固定资产投资以及其中私人投资的下降，值得高度关注。中国经济的回落，很大程度上是因为固定资产投资下降，私人投资快速下降导致整个实体经济投资萎缩。2012年之前的10年，私人部门投资平均增速约为20%。而且在很多领域，特别是制造业，私人投资份额达60%。2015年，私人部门投资增速10.1%。2016年私人部门投资增速仅有2.5%，投资意愿非常低。图6-9显示了我国固定资产投资情况。由图可知，虽然从绝对数量来看，我国固定资产投资完成额处于不断上升的趋势。但自2009年以来，我国全社会固定资产投资完成额同比增速不断下降，从2009年的30%下降至2016年的8%。更为值得关注的是，我国民间固定资产投资完成额实际累计同比增速自

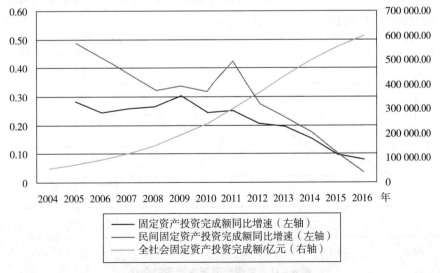

图6-9　全社会固定资产投资完成额

2005 年起一直保持下降趋势，从 2005 年的 49% 下降至 2016 年的 3%。与此同时，我国政府逐渐受制于刚性财政支出与财政收入下降的约束，政府的固定资产投资速度也开始下降。

最后，从经济增长动力来看，我国经济正面临增长速度换档期，产业结构调整一定程度上陷入困境，主要从三方面进行分析。

第一，从人口结构来看，我国面临人口结构的转型，自 2011 年以来，劳动年龄人口占比首次出现下降，而且下降幅度在 2016 年达到最高。随着人口年龄结构的变化，劳动力供给减少，特别是农村转移劳动力减少，对大量依赖低成本劳动力的行业形成较大冲击，劳动力的稀缺性加剧抑制了资本的回报率，使得投资需求降低。同时人口老龄化发展较快，导致储蓄率下降，资金供应相对减少。

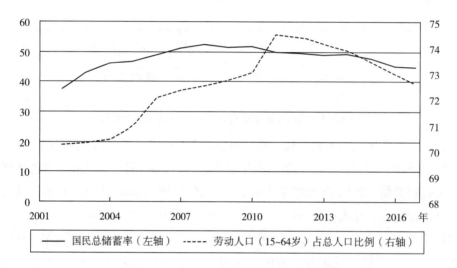

图 6－10　我国人口结构及国民储蓄率的变化

第二，我国的全要素生产率自 2007 年以来不断下降，从 2007 年的 9.6 下降至 2016 年的 3.1，这说明传统要素投资对我国经济的驱动贡献度逐年下降，单纯依靠对传统要素投资已经不能成为刺激我国经济发展的主要途径。

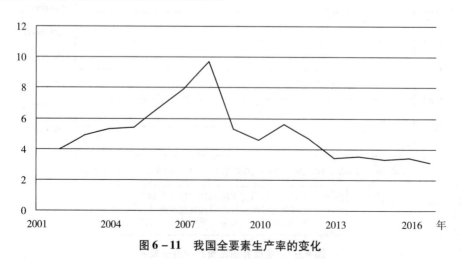

图 6－11　我国全要素生产率的变化

第三，尽管我国产业结构面临调整升级的巨大压力，但由于多种原因，产业结构调整难以顺利推进，并在一定程度上陷入困境。这突出地表现为第二产业发展困难，工业化率大幅度下降，产能过剩问题严重，且难以顺利化解；第三产业增长虽相对平稳，但一直未取得实质性突破；第二产业、第三产业均面临增长动力不足、增长速度下降的问题；经济增长过度依赖房地产和基建，导致杠杆率上升、投资回报率下降、房地产泡沫风险加大等问题。

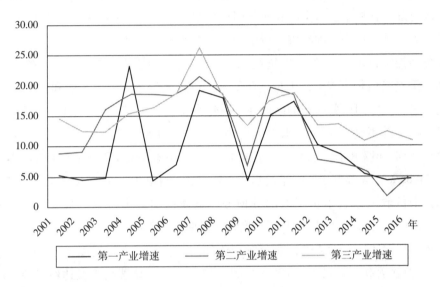

图6－12　我国第一、二、三产业增速变化

从图6－12可以看出，我国第一、二、三产业的增速自2011年以后整体表现出下降趋势。2010年之后第二产业的增速下了三个台阶：先是从2010年第一季度的15.4%逐渐下滑到2011年底和2012年初的10%左右，继之下降到2012年下半年和2013年的8%左右，最后下降至目前的6%左右。由于第二产业在GDP中占比很大，最高时达到47%以上，目前也仍超过40%，因而第二产业增速的下降，直接影响到整体经济增速下降。尽管近些年来，第三产业在GDP中的占比不断上升，但这主要是由于第二产业增速下降较快，而不是由于第三产业自身增长强劲。同时，第二产业价格大幅下降，而第三产业价格上涨较快，也带动第三产业在GDP中的占比迅速上升。2001—2008年，第三产业年均增速为11.7%，其中2005—2007年第三产业增速分别为12.4%、14.1%和16.1%；而2009—2015年，第三产业年均增速为8.7%，比2001—2008年的平均增速下降了3个百分点，且在时间趋势上总体呈下滑态势。这说明第三产业只是相对于第二产业较为稳定，增长还不够强劲。并且，第三产业能维持相对较高的增速，很大程度上得益于金融业和房地产业的较高增速，但金融业和房地产业某些年份的快速增长一定程度上有泡沫化现象。房地产业增速在2009年高达11.8%、2013年第一季度高达9.8%、2016年上半年超过9%，则主要是由于在经济刺激政策的作用下，房价高涨，房地产交易火爆。

中国经济发展已经实质性地进入一个新阶段，经济增长率"下一个台阶"具有客观的必然性，是中国经济发展"新常态"的基本表现之一。自此，中国不再一味追求高增长率，而将"稳中求进"作为调控经济增长的基本政策取向。

二、中国债务问题陷入结构性矛盾，去杠杆已成中国经济当务之急

（一）2016 年全社会杠杆率进一步攀升，结构性矛盾凸显

全社会杠杆率从 2011 年的 1.88 倍一路攀升至 2016 年的 2.58 倍，除此之外，居民部门杠杆率、政府部门杠杆率、非金融企业部门杆杠率、金融部门杠杆率均不断上升。全社会居高不下的债务水平，成为我国经济运行中的又一重要安全隐患。

在债务结构上，2008 年美国次贷危机后，全球需求疲弱，增长乏力，在"出口导向、投资拉动"型经济增长模式下，大量企业陷入了通过大量举债维持产能和库存的恶性循环。从国际比较来看，中国债务问题的结构性矛盾较为突出。从规模总量来看，中国实体经济部门的债务杠杆率并不高，2016 年末中国对内债务总额 196 万亿元，总杠杆率为 258.90%，略高于全球平均 246% 的债务杠杆率，但略低于发达国家平均 279% 的杠杆率。居民部门的杠杆率为 44.85%，大幅低于国际平均水平，但是由于中国居民部门债务大部分来源于住房按揭贷款，中低收入家庭承担了大部分债务，整体偿债能力有限。政府部门的杠杆率为 39.36%，整体水平不高，但是其中地方政府杠杆率 23.23%，占整个政府部门债务的 59%，地方政府债务风险累计。近年来，非金融企业部门的杠杆率大幅提高，与 GDP 的比值高达 142.9%，不但显著高于新兴市场 105.9% 的平均水平，也显著高于发达经济体 88.9% 的平均水平。

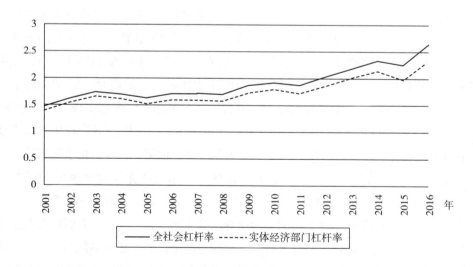

图 6 - 13　我国全社会及实体经济部门杠杆率变化趋势

（二）公共部门赤字率进一步增加，地方政府债务累计、风险加剧

国际公认的警戒标准为赤字率 3% 和政府债务率 60%，就目前来看，虽然我国的情况还没有逾越这一警戒比率，但是近几年增长很快，正快速地接近这一标准。如图 6 - 15 所示，

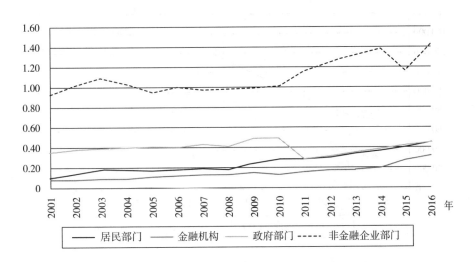

图 6 - 14 我国各部门杠杆率变化趋势

显性债务/GDP 的数值从 2011 年的 28.16 一路攀升至 2016 年的 44.74，赤字率也是从 2007 年的 - 0.56 上升至 2016 年的 3.80，这表明公共部门的杠杆率正在不断提高。

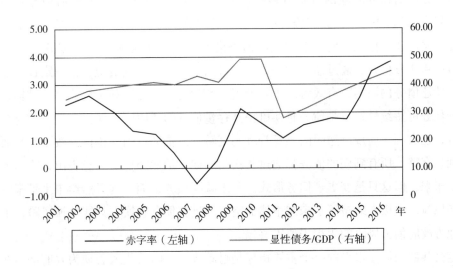

图 6 - 15 公共部门负债情况

2016 年政府部门债务持续上升，从 2011 年到 2016 年这 5 年间政府部门债务翻了 2.44 倍。截至 2016 年 12 月，中央政府部门负债约 12 万亿元，地方政府债务负债约 17.2 万亿元，地方政府债务累计，风险不断加剧。

截至 2016 年年末，地方政府债务占政府部门总债务的比例接近 60%，债务规模不断攀升。地方债务累积扩大了结构性矛盾，地方政府负债整体上降低了社会投资效率和经济增长质量，扩大了经济发展的结构性矛盾。除此之外，高居不下的地方债务积累了庞大的金融风险，地方政府通过对控股或全资的地方金融机构的行政干预，借款垫付地方债务是转轨时期

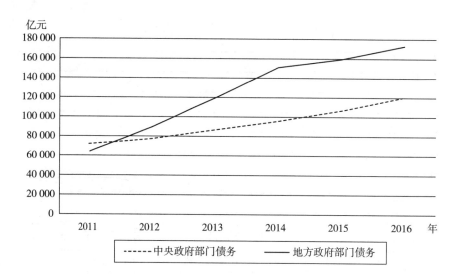

亿元

图 6 – 16 2011—2016 年中央政府与地方政府债务

各地普遍存在的现象，地方债务向金融机构转移导致地方金融机构财务状况恶化，金融风险累积。

化解地方政府债务风险的方式有多种，如新型的 PPP 模式、地方政府债务置换等。其中，债务置换已于 2015 年正式实施，取得了一定的效果。2015 年，财政部下达了三批置换债券额度，共 3.2 万亿元，此批地方政府债务借此展期，转换成中长期债务；2016 年，地方债务置换 4.9 万亿元。通过债务置换，一是可以降低当下利息负担，在一定程度上延长了地方政府偿还债务的周期，有效解决了短期流动性问题；二是有利于优化债务结构，延长久期，改善债务可持续性；三是债务置换可提高存量债务的透明度，便于对地方政府存量债务进行监督，也有利于向规范透明的预算管理制度转变，推动我国财税体制改革。然而，债务置换有利也有弊。所有到期的债务都通过置换而展期，虽然降低了利息支出，将当下的压力分摊给了未来，但这只是变更了债务形式，并未减少债务余额。这必然给未来带来巨大的偿还压力和风险，也极大地挤压了未来举债的空间。进行债务置换，只能分摊风险，不能降低风险，地方政府债务风险的累积仍值得警惕。

决定公共部门风险水平的一个重要指标是财政收入。财政收入表现为政府部门在一定时期内（一般为一个财政年度）所取得的货币收入。财政收入是衡量一国政府财力的重要指标，政府在社会经济活动中提供公共物品和服务的范围和数量，在很大程度上决定于财政收入的充裕状况。2016 年，全国财政收入 159 552 亿元，比上年增长 4.78%。近五年财政收入增长明显下降，财政收入增速远不及 GDP 的增速。2011 年，全国财政收入环比增长率为 25%，此后逐年降低，到了 2016 年，增长率已经跌至 4.78%。为应对我国财政收入增速放缓的局面，应当做到以下三点：（1）进一步推动税制改革，优化财政收入渠道；（2）适度利用政府债务杠杆，调整长短期财政压力；（3）进一步完善财政预算体系，加强财政支出绩效管理。

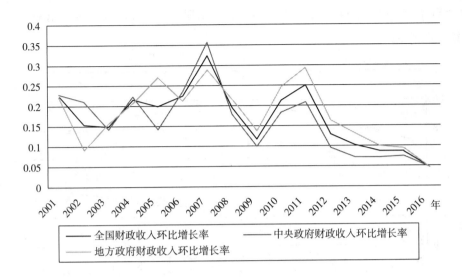

图 6 – 17 我国财政收入环比增长百分比

（三）住户部门债务水平持续上升，居民偿债能力下降

与 2015 年相比住户部门债务水平不断升高，截至 2016 年末住户部门债务余额超过 33 万亿元，较 2015 年上升超过 20%，与此同时 GDP 增速仅为 6.7%，居民部门可支配收入增速仅为 9.1%，这使得居民部门的杠杆率进一步升高，偿债能力大幅减弱。

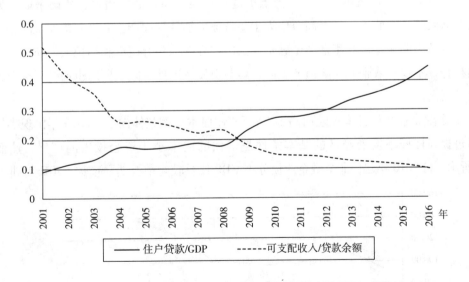

图 6 – 18 居民部门风险指数

从 2001 年到 2016 年，居民部门偿债能力不断下降，杠杆率不断攀升。在住户部门的债务余额中消费性贷款占比达到 75%，其中大部分来自住房按揭贷款，而住房按揭贷款最主要的承担对象为中低收入家庭，这部分债务的累计严重增加了居民部门的生活压力，使得偿债风险增加。如图 6 – 19 所示，我国居民贷款与国民生产总值的比值低于美国、日本及英国，但在 2008 年金融危机之后，居民贷款与国民生产总值的比值不断攀升，从 2008 年的

17.87%上升至2016年的44.85%。总体看来，我国居民部门负债率为全球较低水平，存在一定的债务扩展空间。

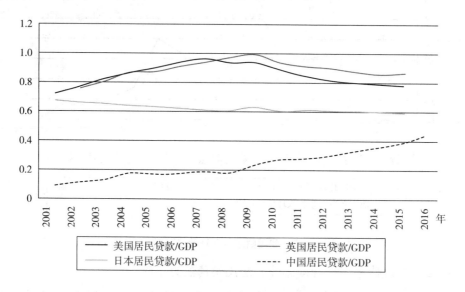

图6-19 其他国家居民部门负债情况

（四）非金融企业杠杆率过大，整体盈利水平不容乐观

2008年全球金融危机爆发之后，为抵抗危机传染，稳定经济增速，我国采取了大规模的投资刺激政策，由此进入了以高负债为主要特征的加杠杆周期。其中我国非金融企业负债水平的提升甚为明显，近几年来非金融企业部门杠杆率的攀升速度相当惊人。非金融企业的过度高杠杆，不仅导致企业深陷债务泥潭，容易引发系统性风险，同时也抑制了企业的盈利能力与发展潜力。

1.非金融企业高杠杆率风险居高不下；债务/股本比例整体向上，2016年出现小幅下降

通过提高杠杆率发展经济的基本条件是借债的成本小于资金投入的产出，然而如图6-20所示，自2010年起，非金融企业债务占GDP比重较之前有明显增加，2016年非金融企

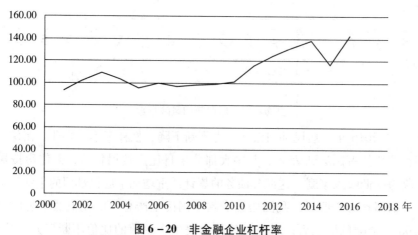

图6-20 非金融企业杠杆率

业债务占 GDP 比重由 2015 年的 116.17% 上升至 2016 年的 142.91%，达到历史最高值，潜在的偿债风险不容小觑。此外，近年来，相比于全球新兴市场非金融企业部门 105.9% 的平均杠杆率水平，我国非金融部门的杠杆率较高，也显著高于发达经济体 88.9% 的平均水平。

如图 6-21 所示，自 2001 年起，非金融企业杠杆率指数一路走低，杠杆率不断加剧，2008 年以来跌破 70，进入"危险区域"，这给我国经济转型，产业结构调整带来巨大的麻烦。同时可以看到，从 2001 年以来债务/股本比例一路攀升，到 2015 年达到 29.10 倍，2016 年底微降至 28.88 倍，整体债务水平依然较高。

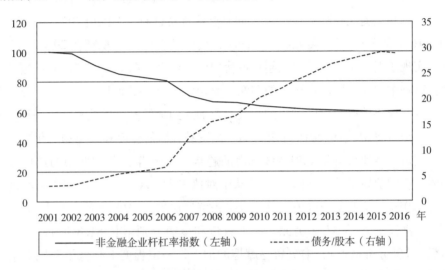

图 6-21 非金融企业杠杆率指数与债务水平

2. 工业企业盈利水平出现小幅上升，但是整体水平不高

非金融企业的债务问题主要存在于工业企业。企业高质量的利润增长可以降低高债务带来的潜在违约风险，如图 6-22 所示，自 2010 年起，工业企业主营业务收入同比增速持续走低，在 2013 年以后跌破 10%，2016 年由于去杠杆而产生大量企业并购，使公司账面的营

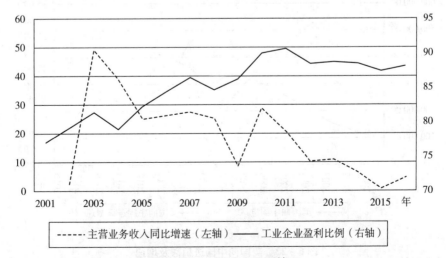

图 6-22 工业企业盈利情况

业收入出现一定程度的好转，同比增速从 2015 年的 0.79% 上升至 2016 年的 4.38%，但整体依然处于较低水平，长期来看，企业的盈利状况不容乐观，企业的偿债压力逐渐增大。

三、人民币运行风险有所好转，但风险依然存在

（一）中美出口贸易问题仍然存在

中国和美国是目前世界上两大具有重要贸易地位的国家，在全球贸易体系中扮演着关键性的角色，中美也是重要的外贸伙伴。2016 年，中美贸易额约为 5 196 亿美元，相比于 2015 年的 5 583.9 亿美元下降了 6.95%。同时全球贸易总额，中国由 2015 年的 3.95 万亿美元下降到 2016 年的 3.68 万亿美元，与此同时，美国的全球贸易总额在 2016 年达到了 3.70 万亿美元，实现了近三年来的首次反超，取代中国跃居全球第一。若美国对中国进口需求降低，将直接影响中国向美国出口企业的利润，给相关产业的企业业绩及运营状况带来负面影响。因而，有必要将美国对中国进口的相关数据加入到金融安全指数框架中进行分析。

图 6 - 23 是自 2001 年到 2016 年美国向中国贸易进口的额度和增速的变化走势，可以看出美国向中国进口增速近五年呈现持续下滑的趋势，2016 年，美国向中国进口增速更是降至 - 3.96%，美中贸易指数也下降至 60。从绝对值来看，2016 年美国向中国的进口额下降 190 亿美元。2016 年特朗普当选美国总统，主张贸易保护，2016 年美国对中国发起 20 起贸易救济调查，涉案金额达 37 亿美元，案件数量和金额分别增长 81.8% 和 131%（国研网《宏观经济》月度分析报告），中美贸易摩擦的加大，一定程度上降低了美国对中国的进口总额。此外，特朗普政府出台一系列新政，不断促使美国海外企业回归美国本土，诱发美国进口中国的总额下降。但中国 2016 年实行的供给侧改革，提高供给质量，有望改变中国出口产品结构，由出口劳动密集型产品逐渐过渡为资本密集型产品，转而增加中国对美国出口。

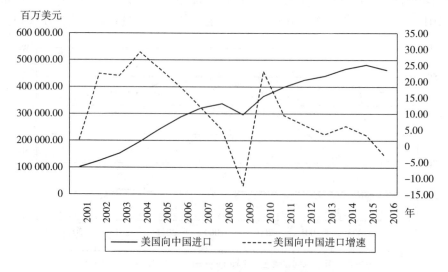

图 6 - 23　美国向中国进口额及增速

（二）我国外汇占款波动加剧，近年来持续下滑

随着美国经济的逐渐复苏，我国外贸经济于2013年回稳，但2014年外汇占款增速在动态波动中快速下滑，2016年增速更是跌至 −17.47%。由图6−24可以看出，我国外汇占款在2014年以前都是呈现出长期单调上升的趋势，但自2014年以后，出现连续下滑的态势。央行数据显示，截至2016年末，央行人民币外汇占款由2015年的26.59万亿元下降至2016年的21.94万亿元，下降4.6万亿元，跌幅达到17.5%。外汇占款的减少意味着资本的流出，2016年外汇占款的大量减少主要是由于美联储加息预期与人民币贬值预期增强所致。外汇占款的减少对经济发展有着显著的影响：首先，会对基础货币带来一定的负面冲击，可能会导致现在金融体系流动性的进一步紧张。其次，外汇占款直接作用到经济增长，特别是在当前中国经济增速下滑的形势下，这种作用尤其不能忽视。

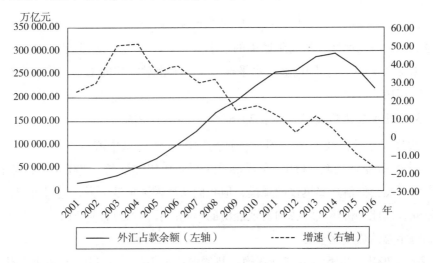

数据来源：国家外汇管理局。

图6−24 我国外汇占款及增速

图6−25显示了我国外汇占款安全指数的走势，可以看出该指数在2004年达到最大值100之后开始转为骤跌，2016年的安全指数跌至15年来的最低值60。2012—2016年外汇占款安全指数呈现出"倒N形"走势。

有研究表明，外汇占款与通货膨胀之间存在着正相关的关系。这是因为，外汇占款增加，会导致基础货币的投放增加，则货币供应量相应增加，进一步致使物价水平增高，通货膨胀水平提高。近年来，随着美元的走强和外汇管理局实施意愿结汇后，外汇占款水平开始逐渐下降。与此同时，中央银行主动通过经济转型升级与经济结构调整来缓解之前外汇占款高居不下的问题，使得外汇占款增速快速回落。在2014年以前，不断增加的外汇占款被视作央行的主要货币投放参考参数，而在外汇占款大幅缩水后，可能产生通缩的风险，促使央行改变基础货币供给渠道，中央银行货币政策工具（包括公开市场操作、再贷款再贴现和其他流动性支持工具）取代外汇占款成为基础货币供给的主渠道。2016年，央行通过多次

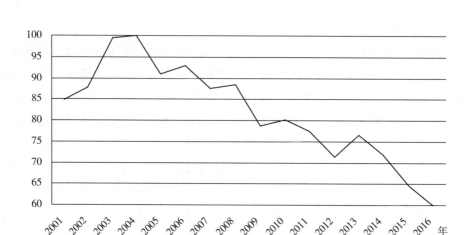

图 6 – 25　我国外汇占款安全指数

降准等其他手段投放流动性。从通胀通缩的水平来看，2014 年、2015 年、2016 年近三年我国通胀水平保持在 2% 左右，国内通胀水平维持在一个相对温和的水平，说明央行相应措施起到了一定的作用。

（三）我国近年来热钱大量流出，2016 年外流速度降低

1. 热钱规模及增速。我们采用国家统计局国际统计信息中心（2006）的方法测算热钱[①]。热钱 = 外汇储备增加额 – FDI – 贸易顺差。尽管唐旭、梁猛（2007）、刘莉亚（2008）指出这一方法可能会低估真实热钱的规模，但我们从严谨性角度考虑，通过可能低估的热钱规模进行研究，以此分析热钱对我国宏观经济的影响。我们通过计算 FDI 与贸易差额的月累计值来得到每年总的热钱规模。

图 6 – 26 是 2001—2016 年的热钱规模、热钱增速走势图。在 2011 年以前，热钱规模波动不大，2011 年热钱规模为 629.01 亿美元，而在 2012 年热钱规模下降至 – 2 115.84 亿美元，增速为 –436.37%。2014—2015 年，热钱大量流出，热钱规模分别为 – 4 809.17 亿美元、– 12 328.30 亿美元，2016 年热钱的流出有所减缓，规模为 – 9 555.71 亿美元。近年来，由于美国经济的逐步企稳复苏，美联储连续加息，国内经济下行压力的不断增大以及我国股市表现低迷等问题，导致全球资金流出新兴市场，从部分金砖国家和东南亚国家情况来看，这种迹象也比较明显。

2. 热钱安全指数。热钱的快速流动对我国资本市场、房地产市场等市场有着十分显著的影响。由于热钱的高度投机性质，热钱的规模太大对中国经济的破坏非常严重，据此我们构建出热钱的金融安全指数，如图 6 – 27 所示。可以看出，从 2001 年至 2016 年期间，热钱安全指数波动较大，在 2011 年达到峰值 100，而在 2012 年降至 60。

---

① 刘莉亚（2008）认为该方法存在几个问题：（1）外汇储备增加量可能由于汇率的变化与外汇投资收益贡献；（2）这一方法假定 FDI 和贸易顺差中没有热钱；（3）假定国际收支平衡表中除了经常项目中的贸易项目和 FDI 外的项目都作为热钱；（4）没有考虑非正常渠道（黑市）流入的热钱。

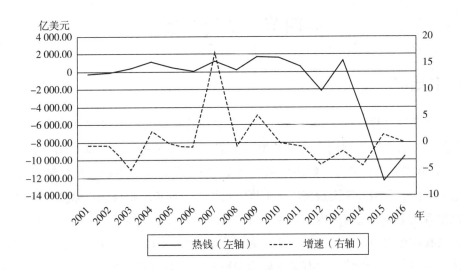

数据来源：Wind 数据库。

图 6 - 26　我国热钱规模及增速

热钱快速涌入虚增了货币供给，对人民币币值稳定、通胀压力、资本市场泡沫都有严重影响。例如，2010 年人民币升值 5%，通货膨胀压力激增，热钱规模为 1 609.46 亿美元，热钱的流入对我国货币流动性贡献较大。近几年随着美国经济的趋稳，大量资金流出中国，中国资本市场的价格波动剧烈。以中国 A 股市场为例，2011 年 A 股以 2 199.42 收盘，上证指数比 2010 年的 2 808.08 跌幅超过 21%，深证成指下跌了 29.5%，创业板指和中小板指跌幅更高达 37% 和 38%。

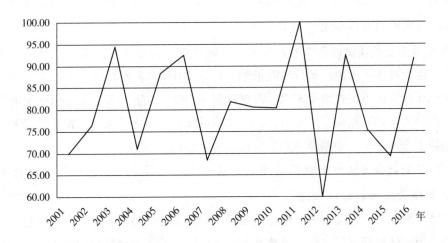

数据来源：根据国家外汇管理局数据整理。

图 6 - 27　我国热钱安全指数

第四节　结论与展望

一、主要结论

（一）经济增长速度的长期疲软是我国当前经济运行中的最大金融安全隐患

我国经济增长出现超预期下滑，各类指标创近 20 年来的新低。2016 年 GDP 增速跌至 7%，包括 PMI 指数在内的各类经济指标的持续恶化，都标志着中国宏观经济步入严峻的下滑期。近两年内，我国最终消费支出贡献度有所回升，而资本形成额贡献度与货物和服务净出口贡献度有所下降，短时期内很难靠消费拉动经济增长。世界经济复苏在分化中呈现乏力的状况，而我国作为出口主导型经济体，受到严峻考验。而值得关注的是，中国经济本轮回落的经济低迷期与以往经济疲软有着本质的差别——中国经济在总体低迷中出现了深度的分化，这标志着中国经济步入了结构调整的关键期、风险全面释放的窗口期，同时，也意味着中国经济在低迷中开始孕育新的生机，在探底中企稳寻找新的发力点。

（二）全社会总杠杆率持续上升，给我国经济转型带来巨大压力

全社会杠杆率从 2011 年的 1.88 倍一路攀升至 2016 年的 2.64 倍，除此之外，居民部门杠杆率、金融部门杠杆率、非金融企业部门杆杠率均不断上升。全社会居高不下的债务水平，成为我国经济运行中的主要安全隐患。在住户部门的债务余额中消费性贷款占比达到 75%，其中大部分来自住房按揭贷款。如果不考虑按揭贷款，我国居民部门负债率为全球较低水平，存在一定的债务扩展空间。就全社会而言我国债务水平较高，去杠杆压力很大，同时存在发展不平衡现象，调结构迫在眉睫，整体去杠杆与局部加杠杆需要协同推进。

（三）人民币运行风险有所好转，但风险依然存在

2015 年以来受美联储加息等因素的影响，导致资金大量外流，给我国外汇市场和金融市场造成了巨大冲击。人民币运行风险指数相比于 2015 年表现有所好转，主要原因可能来自 2016 年 10 月人民币正式纳入 SDR，占比达到 10.92%，使得人民币在国际上的影响力得到提升，热钱安全指数提高。整体而言，人民币风险依然存在，人民币汇率波动和中国资本的外逃是接下来可能诱发中国经济安全风险的一大隐患。

（四）非金融企业去杠杆效果不明显，盈利能力下降，产能过剩与高杠杆率成为当前我国非金融企业的最大风险隐患

受经济下滑，银行借贷、影子银行清理以及整体去杠杆等影响，社会融资规模增长速度有所回落，但实体经济部门杠杆率仍然过大。高杠杆致使市场对资金的渴求，易诱发资金高利率的出现，而高利率势必会影响实体经济，减少企业利润，致使资产价格泡沫，诱发系统性风险。同时，杠杆的放大作用，虽然能在经济向好时发挥增加收益的效用，但在经济低迷时，也会同时放大风险，使得经济抵御风险的能力降低。

中国企业绩效指标持续恶化，传统制造业陷入长期困顿，中国经济结构调整的市场力量已经形成。在这些产能过剩行业中，库存仍处于较高水平，在需求低迷的情况下，产能过剩状况仍在积聚。这又将导致工业品价格降幅持续扩大，抑制企业的投资和生产。其中，房地产业、建筑业的风险积聚状况需要重点进行关注。

二、未来展望

目前我国经济面临结构性调整，有着可期的未来增长。但是 2017 年仍然是我国经济持续探底的一年，很多宏观经济指标可能出现进一步的回落，使经济探底的时间和深度有可能超出预期的变化。而随着金融改革的持续进行，我国经济将会面临更严峻的风险考验，对于国内经济运行安全的风险评估与防范将迎来更多的挑战。

（一）要高度重视世界经济在大停滞和大分化过程中对中国经济形成的冲击

世界经济在复苏过程中将继续呈现大分化的特征，危机具有传导效应，我国要考虑到世界不同经济体将会出现的变化，从而充分把握中国经济应对这些变化调整的性质和可能的方式。世界经济不平衡的逆转决定了供给侧增量调整与存量调整是本轮危机治理中的基本政策定位，需求侧管理具有辅助性，其核心在于避免转型过猛带来的总量过渡性下滑和系统性风险的爆发。

（二）在财政赤字扩大的基础上，强化积极财政政策的定向宽松

由于 2016 年 GDP 增速下滑，土地市场疲软势必导致政府性收入下滑的困境。而考虑到地方债市场容量的狭小和制度的不完全，地方融资平台风险的扩大，提高财政赤字水平的重要渠道应该是提高中央的财政赤字率，地方债的置换规模应当进一步扩大。在"营改增"全面推进的情况下，可以考虑将结构性减税过渡为总量性减税，尤其是那些供给不足、创新活力很强、升级压力较大的行业进行全面减税。降低企业的税收负担，减少企业的盈利压力。

（三）国际政治局势日趋复杂，人民币汇率稳定或受影响

综观国际政治局势，特朗普主张的贸易保护，制造业回归，美联储一系列加息政策，中东极端势力发展迅猛，南海问题各方剑拔弩张都提升了美元的吸引力，但人民币成功加入 SDR，随着中国经济的稳定增长和渐进转型，必将提升人民币的国际地位。

（四）持续推进金融改革，加速"去杠杆"

中国经济市场上，金融部门、非金融部门以及政府部门都面临着"高杠杆"的现状，杠杆率过高意味着较大的风险，因此，金融改革需要持续推进，特别是针对宏观"去杠杆"的资本市场改革、资产证券化和国有企业改革等组合性措施应当多管齐下。

第七章 全球主要经济体对我国
金融安全溢出效应评估

2007 年美国次贷危机爆发并迅速波及全球金融市场，给许多国家造成了严重的影响，世界经济一下陷入低迷之势。此次危机爆发的传染速度之快、影响范围之广，从中我们可以发现随着经济全球化进一步发展，各类要素的流动不再受国界的制约，一国经济或单一经济体的发展势必会受到其他国家、经济体乃至全球性经济波动的影响。因此，在中国对外开放进程不断推进的历史背景下，研究我国的金融安全问题需要结合外部经济环境的溢出效应及其对国内经济的影响路径进行探讨。

本章将针对国际经济形势及主要经济体发展状况对我国金融安全产生的溢出效应进行分析。其中，指标的研究区间为 2001—2016 年。

第一节 评估体系和指数构建

本节将针对世界主要经济体的发展状况进行指标筛选和设计。通常来说，世界经济发展的大体走势可以通过几个重要经济体的表现进行判断，如美国、欧盟、日本等。基于我国经济发展实际情况和金融安全的角度，对我国经济产生溢出效应的经济体应该能代表世界经济发展方向，同时也应是我国的重要经济贸易伙伴，其经济运行的状况会通过贸易和资本流动等途径对我国经济产生影响。因此，本章将通过在世界范围内的经济体中选出在全球金融市场中具有重要地位、拥有较大话语权并且对我国经济作用力较强的主要经济体——美国、日本和欧元区的相应指标进行讨论。

本节基本面指标和金融市场指标均以环比增速方式呈现，以反映经济体的动态发展。

一、经济体基本面指标

（一）OECD 领先指数

经济合作与发展组织（OECD）成立于 1960 年，包括美国、德国、法国和日本等 30 个发达国家在内，致力于国民经济各领域的研究，从战略角度为各国政策制定者服务，推动国家政府间的合作，促进市场经济的发展。OECD 的综合领先指标是按照一定标准将国民经济各领域的指标数据合成后构建而成，是反映一个国家宏观经济发展周期的领先指标。OECD

的综合领先指标主要有 6 个月领先指标和趋势领先指标两种。其中 OECD 6 个月领先指标是为了提供经济活动扩张与缓慢转折点的提前信号而设计的，对未来经济发展具有预测功能，能够较好地提前预示这些国家的经济发展情况。

（二）国内生产总值（GDP）

国内生产总值（GDP）反映了国家或地区在一定时期内生产的所有最终产品和劳务的市场价值，是衡量国家或地区经济发展状况的核心指标。国外重要贸易国 GDP 的增速，在一定程度上会通过溢出效应影响对国内商品的需求，进而冲击国际收支账户。

（三）就业率

就业率表明一国经济发展现状能够给该国居民提供就业岗位的能力，通常就业率的高低能够很好地反映一国经济是否景气。当经济处于上行状态时，对劳动力的需求增加，此时就业率较高，而在经济下行状态，就业市场则会相对萎缩。

（四）对华进口

对华进口数额的变化直观地反映了国内对国外商品的需求变动，背后囊括了汇率、贸易条件、国内价格的变动等因素，一国进口增速的变化首先冲击了相关贸易国的国际收支状况，进而影响本国汇率、价格的变化。

（五）投资

投资的变化既反映了国民收入、消费、利率的变化，也反映了社会、心理及政治因素的变化。作为拉动经济发展的重要增长源，投资增速的变化既是社会微观主体在考量货币时间价值基础上的抉择，也是政府在对宏观经济形势做出判断的主动选择。

（六）主权信用评级债券利率指数

主权信用评级是评级机构依照一定的程序和方法对主权机构（通常是主权国家）的政治、经济和信用等级进行评定，并用一定的符号来表示评级结果，实质是对中央政府作为债务人履行偿债责任的信用意愿与信用能力的一种判断。作为中央政府对本国之外的债权人形成的债务，一般由债权人所在国家的信用评级机构进行国家主权信用评级。主权信用评级，除了要对一个国家国内生产总值增长趋势、对外贸易、国际收支情况、外汇储备、外债总量及结构、财政收支、政策实施等影响国家偿还能力的因素进行分析外，还要对金融体制改革、国企改革、社会保障体制改革所造成的财政负担进行分析，最后进行评级。在本文的定量分析中，我们将使用三个国家和地区的 10 年期国债利率来进行衡量，由于利率越高意味着市场对其长期走势的不确定性增加，因此本文将用 1 减去相应利率，所得数值越高，则金融安全程度越高。其中欧元区数据始于 2004 年。

二、经济体金融市场指数

（一）货币市场

银行间同业拆借利率通常被视为一国或经济体的基准利率，在金融市场上具有普遍参照作用，成为金融市场上其他金融资产价格和其他利率水平形成的标准，是一国利率市场化的具体体现。本小节选取美国联邦基金利率（FFR）、日本东京同业拆借利率（TIBOR）、欧元银行同业拆借利率（EURIBOR），将这三个利率分别与我国的市场基准利率代表——上海银行间同业拆放利率（SHIBOR）进行比较，用利差绝对值衡量资本流动的风险，数值越高则风险越大。指标选择具体介绍如下：

1. 美国联邦基金利率

美国联邦基金利率（Federal Funds Rate）是指美国联邦基金市场（同业拆借市场）的利率，是一家存托机构向另一家存托机构借出资金的隔夜拆借利率，是美国最重要的利率。该利率的变动能够敏感地反映银行之间的资金余缺，美联储瞄准并调节同业拆借利率就能直接影响商业银行的资金成本，并且将同业拆借市场的资金余缺传递给工商企业，进而影响消费、投资和国民经济。依托于美国的经济地位，联邦基金利率的变动直接影响全球债市、股市及全球商品价格等重要经济指标，是判断全球经济、金融形势的关键。

2. 日本东京同业拆借利率

日本东京同业拆借利率（Tokyo Interbank Offered Rate，TIBOR）是每日由日本全国银行协会发布的日本资金拆借市场的日利率，由不同的参考银行提供的不同偿还期利率决定。TIBOR 的类型分为两种：（1）日元 TIBOR，1995 年 11 月推出，用于反映国内风险金拆借市场的利率；（2）欧日元 TIBOR，1998 年 3 月推出，用于反映离岸市场的利率。本部分选取 1 月期日元 TIBOR 作为分析对象。

3. 欧洲银行间同业拆借利率

欧洲银行间同业拆借利率（Europe Interbank Offered Rate，EURIBOR）即欧元区的银行间拆借利率。本部分选取 1 月期欧元同业拆借利率作为分析对象。

4. 上海银行间同业拆放利率

2007 年 1 月 4 日正式开始运行的上海银行间同业拆放利率（Shanghai Interbank Offered Rate，SHIBOR）是由信用等级较高的银行自主报出的人民币同业拆出利率计算确定的算术平均利率。目前，SHIBOR 的品种包括隔夜、1 周、2 周、1 个月、3 个月、6 个月、9 个月及 1 年。全国银行间同业拆借中心进行 SHIBOR 的报价计算和信息发布，SHIBOR 的报价银行团（报价银行是公开市场一级交易商或外汇市场做市商，在中国货币市场上人民币交易相对活跃、信息披露比较充分的银行）现由 18 家商业银行组成，每个交易日根据各报价行的报价，剔除最高和最低各 4 家报价，对其余报价进行算术平均计算后，得出每一期限品种的 SHIBOR，并于 11：00 对外发布。SHIBOR 很好地衡量了我国货币市场基准利率的变化，同样选取 1 月期 SHIBOR 作为分析对象。

（二）资本市场

一国金融市场的安全很大程度上受到股票市场稳定程度的影响，股市波动越大则金融风险越大。当前，我国股市仍处于不断探索发展的阶段，根基相对全球重要经济体的股票市场稍显薄弱，市场化氛围有待加强，加之受 2015 年股灾的影响，自身发展极易受到重要经济体股市行情变化的冲击。基于此,本节通过分析美国道琼斯指数、日本日经 225 指数、德国 DAX 指数、英国 FTSE100 指数和法国 CAC40 指数以评估美国、日本及欧元区的股票市场对我国金融安全的溢出效应。指标具体介绍如下:

1. 道琼斯指数

道琼斯指数是世界上最有影响、使用最广的股价指数,它以在纽约证券交易所挂牌上市的一部分有代表性的公司股票作为编制对象,由四种股价平均指数构成:工业股价平均指数、运输业股价平均指数、公用事业股价平均指数、股价综合平均指数。其中道琼斯工业股价平均指数影响最为广泛。道琼斯指数因其代表性强,影响广泛,不仅是交易所的指数范畴,更是体现经济体发展状况及对未来预期的重要指标。在世界经济一体化背景下,道琼斯指数的影响力通过世界范围的金融市场影响着其他国家交易所的行情状况,表现为全球股市的集体联动性。

2. 日经 225 指数

日经 225 指数是由日本经济新闻社编制公布的反映日本东京证券交易所股票价格变动的股票价格平均指数。其采样股票分别来自制造业、建筑业、运输业、电力、煤气业、仓储业、水产业、矿业、不动产业、金融业及服务业等行业中最有代表性的公司发行的股票作为样本股票。该指数被看做日本最有影响和代表性的股价指数,通过它可以了解日本的股市行情变化和经济景气变动状况。

3. 德国 DAX 指数

德国 DAX 指数是欧洲最重要的证券指数之一,由德意志交易所集团推出,其权重包括 30 家主要的德国上市企业。这一代表性指数不仅反映德国股市的价格变动情况,更由于其计算机制涵盖了股息等收入,因此更能反映市场的总收益状况。德国作为欧洲经济最大的引擎,其发展对于衡量和预期欧洲整体经济的状况都有重要作用,因此德国 DAX 指数作为德国金融变动的重要指标,同样对分析欧洲经济前景十分重要。

4. 英国 FTSE100 指数

英国 FTSE100 指数由富时指数有限公司编制,自 1984 年起,特别挑选在伦敦证券交易所交易的 100 种股票进行构建,其成分股涵盖欧洲 9 个主要国家,以英国企业为主,其他国家包括德国、法国、意大利、芬兰、瑞士、瑞典、荷兰及西班牙。由于这一指数对欧洲重要经济体的企业都有涉及,因此具有显著的对欧洲经济发展状况的代表性。

5. 法国 CAC40 指数

法国 CAC 40 指数由巴黎证券交易所(PSE)以 1987 年底为基期,依据其国内排名前 40 的上市公司的股价进行编制,并在 1988 年 6 月 5 日正式开始对外公布。该指数采用加权平均法计算,权重的基础为公司的市场价值,因此市值较大公司的小幅价格波动即会显著影响指数。法国 CAC 40 指数的成分股每季都会受到审核,以确保这 40 个成员公司的蓝筹股地位。所以,该指数在法国股市有很强程度的影响力,可以反映出法国股票市场的整体状况和证券市场的价格波动,结合法国在欧元区的经济地位进而反映出欧洲经济的态势。

表 7-1 指标及数据说明

二级指标	三级指标	指标含义	数据来源
基本面指标	OECD 领先指数增速	指标越高，金融安全程度越高	Wind 资讯
	GDP 增速	指标越高，金融安全程度越高	Wind 资讯
	就业率增速	指标越高，金融安全程度越高	Wind 资讯
	对华进口增速	指标越高，金融安全程度越高	Wind 资讯
	投资增速	指标越高，金融安全程度越高	Wind 资讯
	10 年期国债利率安全程度增速	指数越高，金融安全程度越高	Wind 资讯
金融市场指标	中美基准利差绝对值增速	指数越高，金融安全程度越低	Wind 资讯
	中日基准利差绝对值增速	指数越高，金融安全程度越低	Wind 资讯
	中欧基准利差绝对值增速	指数越高，金融安全程度越低	Wind 资讯
	道琼斯指数增速	指数越高，金融安全程度越高	Wind 资讯
	日经 225 指数增速	指数越高，金融安全程度越高	Wind 资讯
	德国 DAX 指数增速	指数越高，金融安全程度越高	Wind 资讯
	英国 FTSE100 指数增速	指数越高，金融安全程度越高	Wind 资讯
	法国 CAC40 指数增速	指数越高，金融安全程度越高	Wind 资讯

注：所有数据均为2001—2016年数据，其中欧元区国债利率自2004年起；SHIBOR数据自2007年起。其余数据均以各国最后更新时间为准。

第二节　评估结果与分析

在本节中，国际间溢出效应对我国金融安全的影响主要来自美国、日本和欧元区经济基本面和金融市场两个方面，其中选取的相关研究变量已经在表7-1中予以列出。在此，我们先对溢出效应的金融安全指数的计算方法进行介绍。

一、国际间溢出效应下的金融安全指数编制方法

（一）总体指数构建

本节中，国际间溢出效应由基本面溢出效应和金融市场溢出效应两部分构成。在完成两个部分的指数化构建后，我们假设两类指数对于金融安全本身同等重要，因此在总体指数构建中，我们对两类指数赋予一致的权重。此外，根据前文对样本指标设计的介绍，相关指标越大，则意味着我国金融市场的安全性越高。

（二）指标计算方法

1. 经济基本面指标设计。如表7-1所示，我们选择了 OECD 领先指数、GDP 增速、就业率、进口增速、投资增速、主权信用评级债券利率指数等六类宏观经济指标作为经济基本面的评估指标，每类指标对经济基本面的溢出效应影响等同，因此赋予同类的权重。而对美国、日本和欧元区三个经济体在各个指标内的权重设置，我们采用标准差权重法进行，即在

计算获得六类指标增速的标准差后，以三个经济体在每个指标标准差之和中的贡献度，作为其在指标中的权重。

2. 金融市场指标设计。如前所述，我们将金融市场分为货币市场和资本市场。针对货币市场选取利率指标：美国联邦基金利率、日本东京同业拆借利率、欧元同业拆借利率三个指标；资本市场指标选取道琼斯指数、日经 225 指数、德国 DAX 指数、英国 FTSE100 指数、法国 CAC40 指数五个指标。以货币市场的三个指标和资本市场的五个指标作为国际金融市场的评估指标，每个经济体指标的权重同样采用标准差权重法进行，方法如前所述。同时认为货币市场和资本市场对金融市场的溢出效应影响相同，同样赋予同类权重。

3. 指标的无量纲化处理。为了方便最后指标的加总、比较和评价，我们还需要对每类指标进行无量纲化处理。本文采取的是功效系数法，即在确定第 j 类样本数据中的满意值 M_j 和不容许值 m_j 后，利用公式 $60 + \dfrac{x_{ij} - m_j}{M_j - m_j} \times 40$ 进行计算，其中 x_{ij} 为第 j 类数据中第 i 年的值。这样的处理方法可以将评价系数固定在 60～100 分，方便我们进行观测。对于满意值 M_j 和不容许值 m_j，本文以相应数据中的最大值和最小值作为代替。其中，由于货币市场的三个利差增速指标是越小越安全，故对其进行无量纲化处理时，先用 100 减去按上述方法计算出来的指数再加上 60，以同一标准便于比较。计算值越高，意味着我国金融市场安全程度越高。

二、国际间总体溢出效应对我国金融安全的影响

基于以上介绍，本部分对相关指数进行了计算，计算结果如表 7 - 2 所示。

表 7 - 2　　　国际间总体溢出效应对我国金融安全指数的影响（2001—2016 年）

年份	国际经济基本面溢出效应指数	国际金融市场溢出效应指数	总体指数
2001	84.57	71.71	78.14
2002	79.36	66.03	72.70
2003	86.82	96.61	91.71
2004	94.02	86.45	90.23
2005	90.32	96.28	93.30
2006	92.78	91.05	91.92
2007	89.15	79.38	84.26
2008	75.78	73.92	74.85
2009	60.00	97.42	78.71
2010	96.39	72.87	84.63
2011	85.98	76.69	81.33
2012	82.19	93.93	88.06
2013	86.73	94.97	90.85
2014	88.93	89.08	89.00
2015	87.48	90.95	89.22
2016	82.42	91.16	86.79

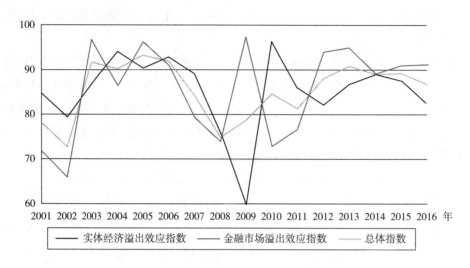

图 7 - 1　三类指数走势变动图（2001—2016 年）

结合表 7 - 2 和图 7 - 1 可以发现，三类指数的变动趋势比较接近，而金融市场作为先行指标，其状况的恶化和改善都要领先于经济基本面，这与我们对金融和实体经济间基本关系的认知一致。而总体指数的走势很明显分为两个部分。

第一部分为 2009 年之前。显然次贷危机对我国金融安全产生了巨大的影响，金融安全指数从 2003—2006 年的 90 以上骤降到 2009 年的 68.71，也是评估期间的最低值，这意味着次贷危机在海外产生的负面冲击对我国经济造成巨大影响，溢出效应恶化了我国金融市场的总体风险水平。第二部分为 2009 年之后。随着各国强刺激措施的出台，美日欧等经济体逐渐复苏，特别是在 2010 年之后我国金融安全指数重回 90 以上的水平，说明各国应对危机的政策有一定的效果，这对于稳定世界经济预期产生了积极作用；同时也改善了我国周边的国际环境，金融安全指数逐渐恢复到金融危机前的水平。

相较于 2013 年到 2015 年而言，2016 年我国金融安全指数有所下滑，原因在于虽然各国针对危机纷纷出台相应对策，但此次危机影响程度之深使各国政策效果、经济恢复速度不如预期。具体来看，（1）美国退出 QE 之后进入加息通道并在 2016 年再次上调联邦基金利率 25 个基点；同时特朗普当选带来的通货膨胀效应使美元汇率和美股指数持续走强，这表明美国经济复苏势头强劲，投资吸引力上升使国际资本加速回流美国，造成中国在外部需求不足的情况下又面临着资本外流和较强的人民币贬值预期。（2）虽距欧债危机发生已有七年时间，但 2016 年欧元区 GDP 增速从 3.5% 降至 2.5%、失业率依然接近 10% 的较高水平可见，欧元区经济发展仍未能摆脱其负面影响；在经济端艰难改善的同时，欧元区还要面对较大的政治风险：2016 年英国脱欧冲击、特朗普上台对欧美关系的影响、2017 年英国将正式开启脱欧谈判、欧洲多国也将进行大选，这些因素会进一步加剧欧洲经济动荡局势。并且，欧元区长期以来的内部发展差异、矛盾仍将阻碍欧元区整体经济复苏。（3）再看日本，自金融危机后日本经济增长一直疲软，2016 年 GDP 增速比 2015 年增速降低 2 个百分点，较 2010—2015 年 GDP 年度同比增长率均值降低 1 个百分点；虽然全球经济复苏、外需增长、日元贬值将有利日本出口增长并带动净出口成为推动日本经济增长的重要力量，但日本内生性增长动力偏弱，而国际贸易保护主义抬头以及特朗普有意积极推行的贸易战和汇率战将增加日本出口增长的不确定性；根据日本内阁府和日本央行公布的数据测算，日本 2015 年和 2016 年政府债务率分别是 202.2% 和 204.3%，同时根据 IMF 统计，2015 年美国政府债务率 105.2%，德国政府债务率 71.0%，英国政府债务率 89.0%，法国政府债务率 96.1%。在主要发达国家中，日本是最高的。根据国际上通用的政府债务率达到 60% 就是警戒线，超过 80% 就有爆发主权债务危机的风险来看，日本主权债务风险不容小觑。加之安倍政府一贯非常强调积极财政政策对日本经济的逆周期调节作用，在 2016 年 1 月 29 日日本央行宣布实行负利率政策以试图刺激经济，但从目前一年多的实施情况来看，负利率对激励金融机构放贷效果有限，也未能如预期显著刺激私人消费和企业投资。这些因素都使日本经济增长和复苏的基础不稳固。

从上述的分析可以看出，以上因素造成国际金融市场环境动荡频繁不稳定性加剧。在此复杂的国际经济氛围下，经济转型压力和 2015 年股灾对金融市场改革带来的不确定性都恶化了我国整体金融的安全状况，总体而言，较之 2015 年，我国金融安全形势不容乐观。

三、国际经济基本面溢出效应

（一）基本面溢出效应总体概述

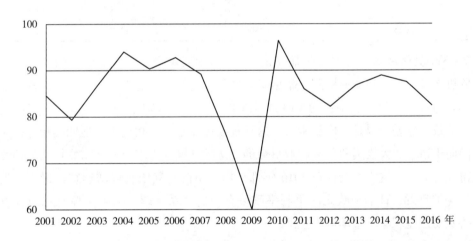

图 7 - 2　国际经济基本面溢出效应指数（2001—2016 年）

从国际经济基本面的溢出效应来看，国际经济总体已经克服了 2008 年金融危机带来的冲击，虽平均而言仍低于危机爆发前的经济发展水平，但一定程度上实现了复苏。从表 7 - 2 的基本面溢出效应指数结果可以发现，强刺激政策之后，2010 年指数基本回到之前水平但此复苏形势没能延续下去，在 2011 年到 2015 年都维持在 85 左右的水平，基本面情况相对稳定；但在 2016 年却下降约 4 个点，这是由衡量基本面的六类指标增速都减缓引起的，说明 2016 年美国、日本、欧元区的宏观经济发展动力不足，国际经济形势仍然不容乐观。

（二）基本面六类指标溢出效应具体分析

表7-3　　　　国际基本面溢出效应对我国金融安全指数的影响（2001—2016 年）

年份	OECD 领先指数增速	GDP 增速	就业率增速	进口增速	投资增速	10 年期国债利率安全程度增速
2001	75.62	95.85	87.47	86.17	86.64	98.60
2002	64.99	88.67	82.27	90.07	85.13	82.81
2003	77.38	92.35	87.44	93.43	92.93	89.06
2004	86.83	100.00	93.04	98.17	99.26	62.79
2005	76.05	97.94	94.05	97.83	100.00	79.99
2006	83.64	99.30	96.41	94.25	99.45	60.00
2007	79.48	98.94	94.31	89.44	93.24	69.88
2008	62.63	83.11	83.11	79.49	83.73	87.63
2009	60.00	60.00	60.00	60.00	60.00	84.95
2010	100.00	94.70	86.23	100.00	97.43	83.25
2011	77.28	87.32	94.99	83.48	95.50	79.58
2012	71.72	88.12	90.86	78.78	91.93	100.00
2013	81.97	89.62	92.23	81.55	93.00	69.49
2014	79.82	94.27	100.00	83.49	96.16	78.12
2015	74.88	97.92	99.35	83.02	94.82	89.45
2016	73.25	91.35	96.86	70.13	89.72	84.99

表7-3 中具体展示了六类基本面经济指标分别对我国金融安全的溢出效应指数，可以看到在危机之后，投资和就业率两个指标基本恢复到危机之前的水平，投资指标甚至在一定程度上小幅超过危机前的水平；而 OECD 领先指数、GDP 增速、进口增速、主权信用评级债券利率指数依然处于艰难的恢复阶段。这种现象可能是因为相比于其他四类指标，主要经济体更倾向于通过加大投资和创造就业机会的方法拉动国内需求、稳定市场情绪从而复苏经济。值得注意的是，这六类指标在 2016 年都经历了下降，其中进口增速跌幅最大，这与特朗普贸易保护政策、日本和欧元区负利率政策有一定联系，即三大经济体有意减少贸易进口，改善贸易逆差现象，带动国内生产。

如上文所介绍的，OECD 领先指标是对 OECD 国家经济社会发展状况的总体评估，指标增速的变动可以反映相关经济体经济扩张和收缩的情况。从图7-3 中我们可以清楚地发现，在 2009 年三大经济体的 OECD 领先指数增速跌到最低点；2010 年达到最高点后又迅速降低，2011—2016 年增速放缓、小幅波动并在之后几年出现负增长的情况，这意味着部分经济体实质上进入通缩通道，欧元区的欧债危机冲击和日本的长期通缩是两个经济体出现负增长的原因所在，而美国这一指标在 2015 年也变为负数且 2016 年进一步下跌，表明美国虽然宣布退出 QE，但货币宽松政策的影响效应仍在持续，预计真正完全退出 QE 还需要一段时间，这实际上对世界经济的整体预期都会带来不利影响。

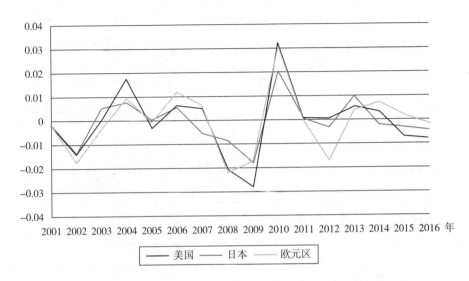

图 7 - 3   不同经济体 OECD 领先指数增速变动（2001—2016 年）

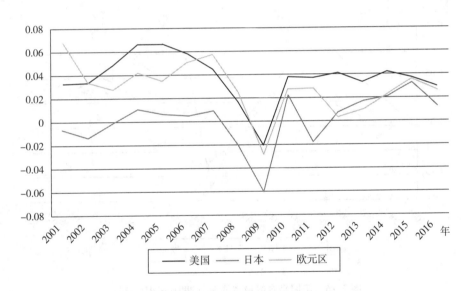

图 7 - 4   不同经济体 GDP 增速（2001—2016 年）

    基于图 7 - 4 和图 7 - 6，我们可以发现从 GDP 增速上来看，美国和欧元区的 GDP 增速要好于日本，这说明从经济复苏的程度上，美、欧的表现较好，这与美欧本身积存的经济实力及在危机前的经济表现有一定关系。具体而言，三大经济体在 2016 年 GDP 增速和投资增速都降低了，2016 年美国 GDP 增速为 2009 年以来最低（2.9%），较上年回落 0.8 个百分点，增长主要由私人消费贡献，投资下滑幅度最大；欧元区 2016 年 GDP 增速为 2.6%，较上年降低 0.9 个百分点；日本 2016 年 GDP 为 521.9 万亿日元，增速为 1.2%，较上年下降 2 个百分点。就业方面，美国 2016 年 12 月新增非农就业 15.6 万人，不及预期；全年新增就业人数 216 万人，为连续第六年超过 200 万人，但整体而言美国就业率增速下降，2016 年

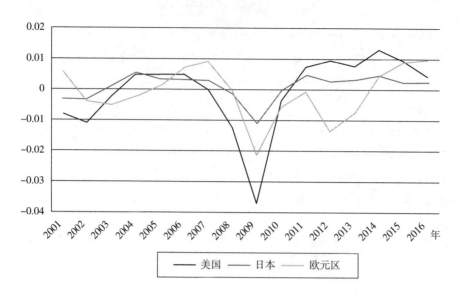

图 7－5　不同经济体就业率增速（2001—2016 年）

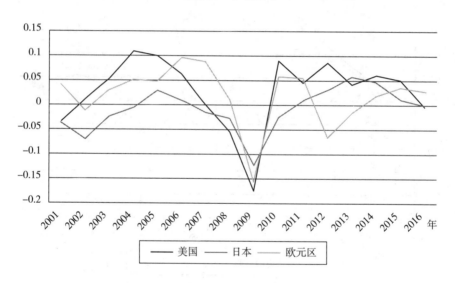

图 7－6　不同经济体投资增速（2001—2016 年）

为 0.43%，较上年下降 0.5 个百分点，失业率接近 4.6%，基本符合充分就业率的区间范围。综上所述，美国劳动力市场依然表现强劲，但改善程度呈现放缓。2016 年 12 月日本失业率为 3.1%，相比于美国（4.6%）、德国（3.8%）、法国（10%）、英国（4.8%），为主要发达国家中最低的，就业率增速基本维持稳定在 0.24%。欧元区失业率虽然仍处在高位但下降至 9.6%，就业率增速小幅上升，由 2015 年的 0.89% 上升至 0.96%。这说明三大经济体在经济复苏过程中，刺激投资的能力仍有待提高，仅靠政府投资以拉动需求及经济发展的路径并不持久；同时欧元区总体而言创造就业的能力较弱。这三类指标的萎靡对美日欧及国际经济持续复苏预期有不利的影响。并且可能意味着前一轮的刺激经济政策效应趋于消失，经济已经开始减速，各主要经济体或许可以考虑实施新一轮经济振兴政策。

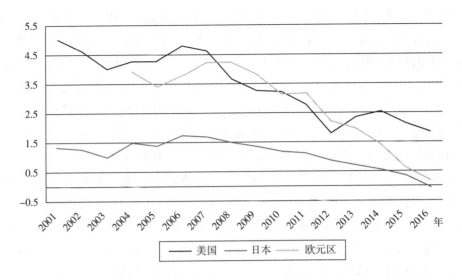

图 7 – 7　不同经济体 10 年期国债收益率变动情况（2001—2016 年）

从金融危机爆发后的长债收益率变动看，10 年期美国国债收益率曾有过两次急涨过程。一次是 2010 年 10 月至 12 月，另一次是 2013 年 4 月至 7 月。第一次期间的收益率飙升部分源于以爱尔兰、西班牙和葡萄牙为代表的欧洲国家债务危机开始显现。当时美联储于 11 月议息会议上退出第二轮量化宽松政策；第二次期间的收益率飙升很大程度上受市场关于 Tapering 政策讨论的影响，而美联储则于 12 月议息会议开始缩减购债规模。2016 年 11 月以来的这一次国债收益率上行趋势，主要是由于特朗普当选美国总统后市场对其大规模基建开支政策预期的反应。而日本和欧元这个指标的长期疲弱一方面是两个经济体量化宽松、进入负利率时代的结果，另一方面也与较低的通胀预期有关，从长期而言市场并不看好两个经济体的经济增长。具体而言，日本在维持负利率和 QE 基础上，其央行于 2016 年 9 月引入收益

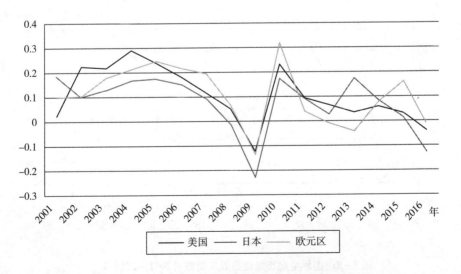

图 7 – 8　不同经济体对华进口增速（2001—2016 年）

率曲线作为新货币政策目标，同时表示将继续购买日本国债直至 10 年期国债收益率保持在零附近。而对欧元区来说，经济复苏显示出严重分化，事实上加剧了欧元区各国国际收支失衡，新的债务风险在分化的复苏下开始累积，希腊主权债务问题和意大利银行问题可能再次成为风险事件；同时，2017 年欧元区的大选局势加剧了欧元区的恐慌，法国、德国利差已经拉大到 80 个基点以上。这些风险因素造成欧元区 10 年期国债利率的下跌。

图 7－8 展示了三个经济体对华进口的增速，作为最直接的对我国经济的溢出指标，可以发现在次贷危机前，美国、日本、欧元区都保持着对我国进口数额的正增长。尽管在 2009 年为负增长，但危机后三个经济体对华进口都迅速恢复了增长的局面，但是增速都难以回到危机前的水平，欧元区甚至还再度出现负增长的局面，表明我国的外需情况并没有得到足够的改善，这与各国主要着重于刺激国内产业、需求发展及有意缩减贸易逆差有关。同时应该注意到，在 2016 年三个经济体对华进口增速都为负值，美国为 －3.96%，日本为 －12.42%，欧元区为 －1.76%；对华进口总额也较 2015 年下降，这都表明对华进口进一步下降，这与其经济政策如特朗普推行贸易保护主义及美国对外进口经济发展环境有很大的关系。以美国为例，2016 年美国出口总额 2.2 万亿美元，进口总额 2.7 万亿美元，贸易逆差 5022 亿美元，逆差自 2010 年以来持续收窄在 5000 亿美元左右，大幅低于 2006 年历史峰值 7530 亿美元，其总体贸易逆差的收窄势必会减小对华进口总额，同时美国总体进口增速仍处于 2014 年 3 月以来的下行周期。结合之前相关经济基本面指标的分析，说明我国经济目前面临的外部需求缩减、外部环境并不容乐观，这也对金融安全造成了不利的影响。

四、国际金融市场溢出效应

（一）金融市场溢出效应总体概述

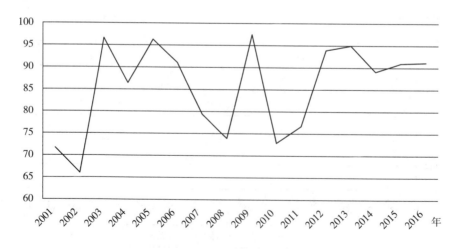

图 7－9　国际金融市场溢出效应指数（2001—2016 年）

表 7 - 4　　　　国际金融市场溢出效应对我国金融安全指数的影响（2001—2016 年）

年份	货币市场	资本市场
2001	—	71.71
2002	—	66.03
2003	—	96.61
2004	—	86.45
2005	—	96.28
2006	—	91.05
2007	73.63	85.13
2008	87.85	60.00
2009	100.00	94.85
2010	60.00	85.74
2011	77.42	75.97
2012	95.00	92.86
2013	89.93	100.00
2014	93.89	84.28
2015	96.38	85.53
2016	95.74	86.58

从国际金融市场的溢出效应指数来看，近年来指数本身的波动较大，标准差达到 10.41。相比于 2015 年，金融市场溢出效应指数在 2016 年小幅上升且与基本面溢出效应指数变化方向相反。该上升主要来源于资本市场指数上升的效应，这表明与国际基本面经济情况比较，金融市场的发展态势更好。尽管我国 A 股市场与国际金融市场的联动效应并不明显，但国际金融市场的大幅波动很容易导致国际热钱在全球范围内的快速转移，这对于逐步开放的我国资本市场而言，会有一定的影响，给我国金融市场的调控增加更多的不稳定因素。

（二）货币市场指标溢出效应分析

结合表 7 - 4 和图 7 - 10 可以看出，在危机后的 2009 年和 2010 年，美国、日本、欧元区的银行间同业拆借利率与我国银行间同业拆借利率的差额处于统计时间段的最低阶段，这一阶段的资本频繁流动风险相对较低。但 2010 年之后，三大经济体与我国利差逐步扩大，这是由于次贷危机后美日欧分别先后实行量化宽松政策，进入全面降息进程；同时日本和欧元区也宣布将实行负利率的货币政策。相反，我国的 SHIBOR 一直保持在大体稳定的水平，所以在 2010 年之后，我国与三大经济体的利差额基本在扩大。同时，可以注意到，在 2014 年后，利差额有小幅缩小的趋势，这得益于美国逐步结束量化宽松政策、进入加息通道并于 2016 年上调联邦基金利率；2015 年我国实行 3 次降息。美国加息和我国降息的双重效应使利差缩小，日本与欧元区的银行间同业拆借利率基本稳定，小幅下降。

所以，在利差有缩小趋势的局面下，国际资本频繁流入、流出的风险相对其他国际经济

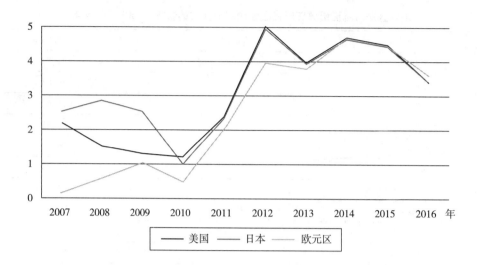

图 7 - 10　国际货币市场主要利率差额变动（2007—2016 年）

因素波动带给我国经济震动的压力较小，金融危机后大量"热钱"、国际游资涌入我国的现象近期难以再现。

（三）资本市场指标溢出效应分析

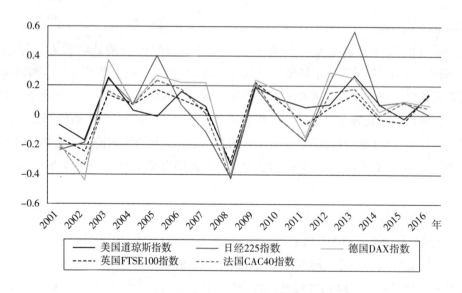

图 7 - 11　国际资本市场主要指数涨幅（2001—2016 年）

就我们选取的五类指数来看，从 2001 年到 2016 年，道琼斯指数、日经 225 指数、德国 DAX 指数、英国 FTSE100 指数和法国 CAC40 指数的涨幅的标准差分别为 15.34%、24.88%、24.51%、15.29% 和 20.08%。而 2008 年国际金融危机之后，标准差水平也分别为 8.77%、22.11%、14.45%、10.25% 和 12.87%，这意味着长期来讲，这些主要金融市场指数的波动性实质上一直保持在一个较高的水平，这也是国际金融市场溢出效应指数波动较高的原因之一。这使得我国的外部金融环境的不确定性较高。而 2013 年以来，金融市场溢出效应出现明显的下降，这意味着量化宽松给资本市场带来的流动性正在逐步减少，由于货币变动引发的指数飙升趋势明显转变，主要资本市场面临着较大的增长阻力，这与2015年股灾之后国内股市的百废待兴相结合，会对我国未来金融安全提出巨大的挑战。

五、主要结论

（一）国际经济基本面发展态势仍不乐观

如前所述，基本面安全指数较之2015年下降近6个点，六类指标（OECD领先指数、GDP增速、就业率、进口增速、投资增速、主权信用评级债券利率指数）的安全指数也都在2016年全部降低，说明2016年经济基本面发展状况变差。

纵观2016年，国际市场遭受了众多不确定性因素的冲击：新年伊始国际股价大跌，联动多个经济体股票市场、债券市场等金融市场波动；日本央行宣布采取负利率政策，投资者抛售日本银行股，同时纷纷买入收益率较高的欧元区、英国和美国债券，又一次对市场和银行造成重大冲击；6月英国公投宣布脱欧，"黑天鹅"事件对欧元区市场冲击不小，进而波及世界市场；美国大选特朗普爆冷当选，积极推行财政刺激政策、否定负利率政策带来通胀预期效应；欧佩克协议推升油价等，这些事件先后对国际市场进行冲击，影响主要经济体的发展，进而通过联动效应及传染机制对我国金融安全造成威胁。

展望2017年，特朗普政府执政政策的变动及其对美国与世界其他国家关系的重新考虑；欧元区主要国家德国、法国、荷兰等都将进行总统选举，英国将触发脱欧程序，希腊债务危机迫在眉睫等可能都会不同程度地扰动甚至撼动全球金融市场。

（二）国际金融市场安全指数略有回升

相比于基本面指数的下降，金融市场安全指数上升约1个点，其中货币市场与资本市场状况都有一定好转。具体而言，2016年美联储加息、日本继续维持"零利率"政策及欧洲央行宣布实行负利率政策，而我国也有意将利率降低使得我国与美国、日本、欧元区的利差进一步缩小，这有利于防止资本大量频繁地流入流出，稳定我国外汇市场及汇率。不过，应该要密切关注日本和欧元区的利率政策，该两大经济体预期将在未来一段时间内继续保持超低利率政策，使投资者可能会大量撤出日本及欧洲的投资区域转而投向复苏态势较好的美国及GDP增速较稳定的中国；再者，美联储在2015年、2016年连续两年加息，美元的坚挺造成人民币面临较大的贬值压力，对我国的贸易形势提出挑战。

股票市场上，道琼斯指数2016年表现亮眼，从2015年的负增长转为2016年的正增长，这与美国经济复苏态势加强，各项经济指标逐渐好转有一定联系。美国股票市场的好转也间接影响着国际上其他国家的股票市场，英国FTSE100指数也从2015年的负增长转为正增长；但德国DAX指数和法国CAC40指数增速都未能超过2015年，小幅下降，这可能受英国脱欧影响使投资者对欧元区未来发展前景不看好而美国发展强势，投资者一定程度上退出欧洲股市进入美股市场。再看我国相对于2015年，2016年上证综指下跌12%、沪深300指数下跌11%、深证成指下跌20%，表明2015年股灾的余波仍对市场造成影响，经济下行态势使各方面增速放缓，基本面状况表现有待提高。

第三节　经济体风险隐患

一、美国

（一）经济增长放缓

2016 年美国 GDP 增速为 2.95%，相比 2015 年下降约 1 个百分点，经济整体增长速度偏缓，虽然私人消费总体保持平稳增长，出口出现止降回稳态势，但固定投资、库存投资和政府支出都有所下降，造成美国 2016 年经济增长速度下降；同年 11 月，美国工业部门产能利用率为 75%，相比 2015 年 11 月下降 0.7 个百分点，距离 2008 年爆发金融危机前平均 80% 的水平还存在一定差距。同一时期，美国工业总体产出指数为 103.9，相比 2015 年 11 月下降 0.6 个点。工业部门产能利用率和工业产出指数的降低说明美国国内工业部门需求和生产不振，一定程度上表明美国经济增长动能不够强劲。并且，自 2015 年开始，美国逐步进入加息通道，不断上升的利率对投资和消费造成一定程度的制约。从全球视角来看，世界经济复苏缓慢、"去全球化"和贸易保护主义抬头、欧洲不稳定的政治局势以及新兴经济体经济、金融动荡等不确定性风险也将给美国经济增长带来压力。

（二）政府债务率上升

根据 IMF 统计，2016 年美国政府债务高达 22.8 万亿美元，政府债务占 GDP 比重为 122.78%，与 2015 年相比，政府债务上升近 5.6 万亿美元，政府债务占 GDP 比重上升约 18 个百分点。按照国际公认划分的 60%（政府债务率）的警戒线，显然美国政府债务率已远远高出警戒线，其爆发政府主权债务危机的风险不可忽视。

在过去几年利率处于较低水平的环境下，高政府债务的负面影响尚不突出。但在近来美国有意持续加息的背景下，情况则可能发生变化：一方面，债务的资本成本将随着利率上升而增加，这会加重债务负担及还债压力，极有可能引发违约风险，造成金融市场震荡和投资者恐慌；另一方面，高水平的政府债务容易引起市场对通货膨胀的预期，为解决通胀预期问题，美联储可能倾向于再次提高利率，于是美国就会陷入"政府债务率上升—通胀预期增加—加息—负债攀升"的恶性循环之中。

由此可见，高水平的政府债务会阻碍美国经济政策发挥作用的范围，限制美联储加息的空间，影响市场对美国经济的信心，从而放慢美国经济复苏速度。

（三）美联储加息

自 2015 年 12 月美联储加息 25 个基点后，2016 年 12 月美联储再次宣布加息 25 个基点。由于美国在全球市场中的经济地位以及与我国密切的贸易关系，美联储加息将对我国经济众多方面造成较大影响。

1. 对进出口的影响。美联储加息最直接的影响就是美元升值，相对来说人民币就会贬值，从而引起我国汇率市场被动地进行调整，加剧波动趋势，对人民币币值的稳定性造成威胁。尤其是在这种基于贬值预期下，如果形成一股强大的做空人民币的力量，人民币的币值会进一步下跌，以致人民币资产大幅缩水，这自然会减少我国居民及企业的进口需求，进口总额下降。同时由于人民币汇率"盯住"美元，其实际汇率会与美元形成指数关系，导致出口压力不断上升，加大我国出口恢复的难度。

2. 对资本流动的影响。美国进行加息会加大国际资本在我国频繁流入流出，造成市场进一步预期人民币贬值；同时，美国利率上升会挤压我国的套利空间，降低我国经济对国际资本的吸引力，反而增加美元资产的吸引力，使大量资本流入美国，造成我国资本流出风险升高。

同时，美元的快速走强会促使国内经济主体对其原有行为进行一系列调整。由于美元价值上升，一部分经济主体会选择增加持有的美元资产，改变过去将美元结汇为人民币的做法，减少市场上的外汇供应；还有一部分经济主体可能选择将人民币兑换为美元以偿还以前在美元弱势的情况下借入的美元债务，增加市场上的外汇需求。可以看到，这些经济体行为的调整会引起外汇市场上出现供给小于需求的状况，使人民币再一次遭受贬值压力的冲击，跨境资金流出的规模进一步增加。

再者，美国目前已然退出量化宽松货币政策，进入加息通道，但日本和欧洲的央行却不约而同地实行量化宽松政策，将利率降至零水平甚至为负。日本和欧洲的此种做法会从另一层面让资本加速回流至美国，加剧国际市场资本的波动。

3. 对国内经济的影响。美联储不断加息会使美国国债利率不断上升，价格下降，由于美国国债在我国外汇储备中占有较大比重，因此我国外汇储备价值面临较大缩水风险，同时也会放大人民币在目前阶段的贬值幅度，使得我国经济面临的下行压力更加沉重，降低国内外投资者对我国经济和金融市场的信心，这可能引起我国资产价格下跌及流动性出现紧张的状况。具体来说，在美国实施量化宽松政策期间，美国利率水平非常低，常常维持在零利率左右，受逐利性的驱使，大量国际资本涌入我国进行套利投资，特别是集中于我国房地产市场，从而使我国的房地产价格畸形飙升，房地产行业发展扭曲，产生了巨大的泡沫。所以，当美联储开始加息，美元资产重新变得更具价值，这些追逐利益的、高度敏感的国际资本便会迅速从我国撤出，转而投向更有利可图的美国或其他市场。这一方面会大量减少我国的外汇占款，迫使政府被动地释放大量流动性；另一方面会造成我国众多产业的泡沫破裂，资产价格大幅波动。

二、日本

在全球经济复苏趋势放缓下，安倍经济学的"新""旧"三支箭对经济拉动作用有限，日本经济延续低增长趋势，主要经济指标表现疲软，2016 年 GDP 增长速度较 2015 年有所下滑。

为了刺激经济和提升通胀水平，日本央行连续实行多轮货币宽松政策并宣布进入负利率时代，但仍未能使日本摆脱经济持续低迷、劳动生产率降低和通货紧缩压力不断加强的局面。这在一定程度上表明，日本陷入"流动性陷阱"的可能性增大，宽松的货币政策空间及其刺激经济的效果已十分有限。同样，在全球外需不足、贸易保护主义抬头的环境下，日元贬值不但未能带来出口的大幅增长，反而引发其他国家报复性的货币贬值，给自身国内金融体系稳定性造成威胁。另外，负利率的政策风险也在逐步显现。受负利率政策影响，日本国债长期利率也趋于负值，使国债价格波动幅度加大；并且国内利差缩小，使金融资产收益下降，降低日本金融市场活跃度；再者，在美联储加息而日本实行量化宽松政策的影响下，国际游资大范围从日本资本市场中撤出，加速回流至走强的美元资产，使日本的股市、汇市遭受较大冲击，加大日本金融市场的不稳定性及阻碍经济快速复苏。

虽然在当前全球经济缓慢复苏、外需逐步恢复正常、日本企业投资和政府消费不断增长的情况下，日本经济有机会提升增长速度、加快复苏进程。但考虑到日本长期未能解决的人口结构问题（老龄化严重）、城市化程度饱和及持续的通货紧缩等原因，其内需增长仍然不足，以致经济难以有亮眼的表现。同时，高额的政府债务和财政赤字钳制日本政府财政政策发挥作用的空间，从而限制经济增长速度。并且欧洲地区政治风险增大、美国总统特朗普推行的贸易保护主义政策和汇率战也会从多个方面加大日本经济复苏的难度。

三、欧元区

2016年欧元区经历了政治和经济的双重动荡，就总体而言，欧元区经济虽已步入复苏轨道，但经济回升状况远不如预期，仍存在经济增长动力不足、失业率维持较高水平、成员国政府债务负担重及由英国脱欧引起的脱欧情绪日益高涨等问题。

（一）政治不确定性

政治不确定性很大程度上会加剧经济不稳定性。2016年欧洲发生的英国脱欧公投、意大利总理辞职及2017年荷兰、法国和德国等国家将面临系列大选，这些持续的政治不确定性将会影响欧洲区域的经济增长。

同时，2016年欧洲面临的反自由贸易和反全球化潮流还将在2017年继续，大西洋两岸的民众都表达出对新贸易协定的不满，美国总统特朗普甚至宣布退出TPP。欧洲总体上是开放性经济体，目前的挑战在于如何平衡好通过全球化促进增长与民众对八年来两次经济萧条的不满和恐慌。

（二）经济不稳定性

目前，欧元区经济发展持续低迷。据IMF统计的数字显示，欧元区2016年经济增长率为2.6%，较2015年降低1个百分点。欧元区的主要经济强国——德国，第四季度GDP仅增长0.2%，低于第三季度的0.4%，此次增速下降主要是因为贸易呈负值态势，而这可能是全球经济前景不确定性加剧的结果。法国经济也未能如政府预期的，使增长率达到1.5%，在世界经济总体动荡、欧洲政治不稳的环境下，法国经济仍面临下行风险。再看英国，12 月 23 日，英国统计局宣布将第三季度（退欧公投后 7 月至 9 月）英国 GDP 增长率由 0.5% 上修至 0.6%，这样看来 6 月发生的退欧公投似乎并未对英国经济形成不利影响。但是，根据英国统计局公布的数据显示，英国第三季度经常账户赤字有再次达到历史高位的趋势，表明英国脱欧引起的英镑贬值未能大幅提升英国的出口总额。

再者，目前欧元区劳动力人口比重在缩小，人口老龄化问题相当严重，使得经济增长缺乏支撑力量；其次，由于国内外经济环境不向好，投资和出口状况未能大幅改善，大部分经济增长点依然疲软；受制于欧债危机遗留的债务问题，欧元区各个政府难以真正开始采取扩张性财政政策以刺激经济。

鉴于经济格局和政治格局的不确定性、内部需求增长乏力、消费者和企业信心不足以及负利率政策加重欧洲银行业风险威胁、不良贷款和资本不足问题凸显等因素，欧元区经济发展仍承受较大压力。此外，美国总统特朗普易变的经济及政治政策、英国的脱欧谈判，多个成员国的总统大选等也会在不同程度上拖慢欧元区经济恢复增长的速度。

第八章　中国金融自主权评估

维基百科介绍是，"自主权（希腊语：νόμος；α□τονομία；α□τόνομος，英语：Autonomy，直译为'法'、'自我设置并约束自我的法律'），也称自治权、自决权，它往往指的是一个理性个人有能力作出成熟的、不被胁迫的决定。在政治意义上，它也用来指人民的自主统治。"这个定义有一点值得强调，即它强调了决策和行动的自主性和独立性，它不能受到外部力量的影响或支配。由此，我们认为从国家层面来谈金融自主权也应强调国家或政策制定者决策、行动的自主性和独立性。

货币主权作为一国金融主权的重要组成部分，是谈论较早也较多的一个。在民族国家占主导地位时期曾被视为当然的权利，形成了"一个国家，一种货币"的国际货币格局。20世纪后半期，经济全球化和金融一体化的大环境使货币与国家的历史联系表现出了新的特征，呈现出"一个市场，一种货币"的发展趋势，传统的货币主权受到了削弱。但这并未从根本上改变国家货币主权的性质，无论是国家货币还是市场货币，其出发点和归宿都是为国家的利益服务。

现有的国际货币体系建立在以美元作为主要储备货币的基础上，形成了以美元为核心的国际金融秩序。国际货币基金组织的数据显示，美元占全球外汇储备的比例从2001年以来基本维持在60%以上，大部分外汇交易和外币贷款是以美元标价；国际贸易中的重要商品，如石油、重要的初级产品和原材料，甚至是黄金，基本都是以美元进行计价和结算；各国政府或者货币当局在稳定本国货币汇率时所使用的干预货币主要是美元。美元的强势地位决定了美国可以通过发行不兑现的纸币来剥夺其他国家获得国际铸币税的权利、通过美元持续贬值将金融危机和贸易逆差的成本转嫁给别国、通过维护自身利益的美元政策来损伤其他国家货币政策的独立性。美元霸权体现的是美国损害他国货币主权以强化自身利益的过程。

经济全球化提高了资源的全球配置效率，为一国经济的发展提供了更多契机。而随着金融市场和金融产品的不断创新和发展，货币主权之外还有更多体现金融自主权的方面，如大宗商品定价权，在国际金融组织中的投票权等。对中国来说，要想成为经济强国，就必须在参与经济全球化的同时，打破金融强国的金融霸权，将我国金融自主权的维护放在重中之重的位置。另一方面，随着我国经济对外开放的持续深入，在我国金融市场发展尚不完善的情况下，人民币国际化在提高我国国际金融话语权的同时，也增加了金融危机加速传染和资产价格异常波动等可能削弱我国货币信用的风险。

金融自主权的维护关系到国家的核心经济利益，国际政治经济的日趋复杂加大了其维护的难度。尤其是金融自主权本身具有一定的抽象性，本章试图提出量化的安全评价分析框架，识别金融全球化背景下我国金融自主权维护面临的潜在风险，建立及时反映我国金融主权的动态评估机制，这对于维护我国的经济主权和金融安全具有重大意义。

第一节　全球化背景下的金融自主权的界定

目前学术上并未有规范的金融自主权定义，相对成熟的、也是最早出现的有关金融自主权概念是货币主权，这也是源于货币是金融系统中有关主权的最早期表现形式。而随着金融市场和金融产品的不断创新，国际货币金融体系的不断变化，我们认为除了货币主权外，还至少要包含大宗商品定价权，一国在国际金融体系中的话语权。下面我们分别进行阐述。

一、货币自主权

货币主权在历史上曾被视为国家当然的权利。1929 年，国际常设法院在 Serbian and Brazilian Loans 一案的判词中指出，国家有权对其货币进行规制是普遍承认的法则。国际常设法院的上述判词曾在有关货币主权的国际法研究中被广泛引用，并被普遍认为是对国家货币主权的内涵的界定。

Zimmermann（2013）认为国际法院的上述界定已经成为一种仅仅具有象征意义的宣言，货币主权在不同的时代背景下具有不同内涵，其概念本身是动态的。在金融全球化时代，传统货币主权的内容发生了一定的改变。比如《国际基金协定》对成员国的货币主权进行了约束和限制，要求成员国逐步放弃对经常项目的外汇管制。国家通过转移或者让渡一部分货币主权来参与到国际金融事务中，但这并未从根本上改变国家货币主权的性质①。

刘音（2006）认为货币主权对内包括确立本国的货币制度和名称、指定货币管理机构，颁布货币法律和法规、建立币制、保护货币价值和正常流通、禁止伪造和走私货币；对外包括建立外汇行市、维持币值稳定、进行正常的外汇交易、协调货币的国际流通、决定是否实施外汇管制和对外经济交往政策的权利。金融全球化削弱了货币主权对外的平等性。韩龙（2009）指出，一国的货币主权主要包含发行货币的权利，决定和改变币值的权利，调整一国货币或其他货币在其境内使用的权利。这三项权利在经济全球化的国际法下都受到了不同程度的限制。

总体来说，货币主权是一个随时代的变化而不断演进的概念。在经济全球化背景下，国家通过让渡一部分货币主权来获得其他经济利益，货币主权的核心始终是国家通过货币来实现的国家利益。金融全球化主要表现为外部冲击对本国货币发行和调控自主性的影响，更进一步的还有本国货币对外部的影响，因此本报告从人民币的发行权、使用权（不受外部干

---

① 张洪午．金融全球化时代的国家货币主权［N］．贵州大学学报（社会科学版），2009（1）.

扰而调控本国经济波动的独立性）以及国际影响力来说明当前人民币主权的概况。

二、大宗商品定价权

大宗商品（Bulk Stock）主要指用于工农业生产与消费的大批量买卖的物质商品，是一国经济发展所必备的物质基础，一般可以分为能源商品、基础原材料、大宗农产品及贵金属四个类别。而所谓大宗商品定价权，就是指由谁来确定大宗商品国际贸易的交易价格，包括商品贸易中潜在的或普遍认可的定价规则和贸易双方所确定的或参考的基准价格（黄先明，2006）。

伴随着中国经济的快速发展与对外开放规模的不断扩大，中国大宗商品的消费规模已经跃居世界首位，进口对外依存度居高不下。目前，中国已成为世界上最大的大宗商品消费国和进口国，在大宗商品交易市场中占据重要地位。据汤珂（2014）报道，中国的铁矿石需求量占世界铁矿石需求量的66%，铜占46%，小麦占18%，大豆占一半左右。对于铅和锌的需求量，整个世界基本呈平稳的态势，但中国的需求量却上升很快。从2009年到2011年，中国工业用的大宗商品，随着中国城镇化建设和房地产开发建设步伐的加快，使用量翻了一番。因此，掌握大宗商品定价权对于我国经济发展至关重要。但是目前在国际大宗商品的定价权上，我国几无发言权，这与我国贸易大国地位极不相符。

三、国际金融事务的话语权

随着国际性金融组织作用的显现，对外平等地参与国际金融事务是一国金融自主权的重要体现。在金融全球化背景下，各国的金融自主权，尤其是货币主权都受到了一定程度的限制和削弱，但并非是同等程度的。主要的经济强国通常也是金融强国，作为国际规则的制定者和优势竞争者，这些国家强化了他们在国际金融事务中的决策权。

国际货币基金组织的份额确定了各成员国在国际社会的地位和拥有的投票权。美国在2010年IMF投票权改革后占有16.47%的投票权，对许多国际重大事项的决定具有一票否决权，而金砖五国的投票权加起来只有14.1%，其中中国的投票权为6.068%（表8-1）。由IMF投票权决定的话语权并不能充分体现世界经济的发展趋势和各国经济实力，尽管美国和日本在世界GDP中具有较高比重，但对世界经济的贡献在2007—2013年却呈下降趋势，"金砖国家"对世界经济增长贡献显著，特别是中国近年来GDP占世界经济总规模的比重上升明显。对中国来说，未来人民币国际化程度的加深将有助于提升中国在全球地缘政治中的话语权。

表8-1　　　　　　　　　　美国、日本和金砖五国在 IMF 的投票权　　　　　　　单位：%

	2008 年改革生效前	2008 年改革生效后	2010 年改革生效后
美国	16.732	16.727	16.470
日本	6.000	6.225	6.135

续表

	2008 年改革生效前	2008 年改革生效后	2010 年改革生效后
中国	3.651	3.806	6.068
俄罗斯	2.686	2.386	2.585
印度	1.882	2.337	2.627
巴西	1.377	1.714	2.217
南非	0.852	0.770	0.634

数据来源：国际货币基金组织（2012）。

第二节　金融自主权评估体系和指数构建

通过对金融自主权概念的分析，兼顾数据的可获得性，我们主要从以下几个方面进行评估体系的构建。一是货币自主权，这包括三方面，其一是与人民币发行权相关的货币政策独立性问题，其二是中央银行能否基于我国宏观经济调控的需要独立自主对货币供给或利率进行调节的能力；其三是人民币在全球的影响，体现在人民币国际化进程上。二是大宗商品定价权，这一点在随着国际大宗商品金融市场发展越深，我国经济对外依存度越高的情况下越发重要。三是我国在国际金融体系中处理金融事务的话语权。

一、指标选择

（一）货币自主权

这里的货币自主权主要是指人民币货币政策的制定和实施不受外国经济金融态势和他国货币政策"外溢效应"或"外部效应"的冲击和影响。结合我国当前经济金融现实，我们将货币自主权从货币发行、货币调控、货币的国际影响力三个角度进行阐述。

1. 货币发行自主权指标——货币替代

所谓货币替代是指在货币可自由兑换的条件下，当一国货币存在贬值预期时，由于国内公众对本币币值的稳定失去信心或者本币收益率较低时，公众减持本币增持外币的现象（Chetty，1969）。国外的早期研究（Hilbert，1964；Bergsten，1975；Frankel，1991；等等）基本证实和支持货币替代会对一国的货币政策造成影响。

在当前美元霸权和我国对外开放程度日益提高的背景下，刑天才（2011）、李成等（2011）证实了我国货币政策和美国货币政策存在较高的联动效应，美元输入造成的货币替代会影响中国货币政策的独立性和执行效果。姜波克和李丹心（1998）、范从来和卞志村（2002）等指出我国货币政策独立性会因本国居民持有外币而受到影响。货币替代指标通常使用国内金融体系中的外币存款/国内广义货币的存量来表示。

2. 货币调控自主权指标——货币政策独立性指标

通常认为一国货币政策是政府用来宏观调控、熨平经济波动的主要工具，这也意味着货币政策是主要依据国内经济形势来对货币供给或者利率进行调整。但现实中，很少有国家的中央银行能不考虑国际金融形势，尤其是不考虑发行国际储备货币的美联储行动而完全独立执行本国货币政策的。对于 2008 年次贷危机爆发前广泛存在于欧洲和美国的房地产泡沫，Taylor（2009）就指出，美联储过低的利率，以及欧洲各大央行因为要兼顾美联储的影响，也不得不执行过低的利率，是造成这轮发达国家普遍房地产泡沫的主要原因。而 Edwards（2012）则发现美国非常规货币政策对 4 个拉丁美洲国家和 3 个亚洲国家确实存在利率渗透的效果，并且资本账户管制也不能有效地将新兴经济体从国际利率波动中隔离开来。

事实上，有关货币政策相对国外的独立性，克鲁格曼提出的著名的三元悖论（The Impossible Trinity）就指出，一国不可能同时实现货币政策独立性、汇率稳定以及资本自由流动三大金融目标，只能同时选择其中的两个。中国正在进入一个'三元悖论'的时期，同时控制汇率并实行独立的国内货币政策正在变得越来越难。由于我国实行强制结售汇制度，自 2000 年以来，我国迅速增长的贸易顺差导致的国内基础货币的被动投放就被诸多学者（李斌，伍戈，2013；谭小波，张丹，2010；郝雁，2008）认为是我国货币供给内生性和通货膨胀的主要原因。随着近年来国际收支格局的改变，外汇顺差的减少，我国基础货币的被动投放在减弱。

考虑到我国自 1996 年以来，就在开始不断走向利率自由化，汇率干预和资本管制不断减少的进程，而货币调控作用到实体经济最终还是要依靠利率的变化；兼顾与别国的可比较性，我们采用 Aizenman，Chinn 和 Ito（2008）提出的货币独立性指标，来衡量独立性。该指标主要是使用母国与基准国货币市场利率的年度相关性的倒数来刻画，值越高，表示独立性越强。

$$MI = 1 - \frac{corr(i_i, i_j) - (-1)}{1 - (-1)} \tag{8.1}$$

以上公式中的 i_i 和 i_j 分别是本国和基准国的货币市场基准利率。一般基准国选择为美国。

3. 货币国际影响力指标——人民币国际化指数

人民币的国际化，反映的是人民币在国际货币体系中发挥国际货币职能的程度。当前国家间竞争的最高形式表现为货币的竞争，人民币国际影响力的上升，将有利于中国获得一定程度上的世界货币发行权和调节权，改变在国际货币体系中被动的地位，减少汇价风险，促进国际贸易发展，并获得一定的铸币税收入，因此人民币在国际贸易和金融结算领域的使用程度，一定程度上反映了人民币使用权和我国对外金融事务话语权的状况。

根据中国人民银行发布的《人民币国际化报告》，贸易、投资、外汇储备以及国际债务是一国货币国际化广度和深度考察的主要方面。该报告中以跨境人民币收付、人民币对外直接投资、人民币外汇储备以及人民币国际债券等几个方面阐述人民币国际化的进程；因此本文分别以人民币结算占全球支付比重、人民币对外直接投资额占世界投资额比重、人民币外汇储备占全球外汇储备份额以及人民币发债量占全球发债量的份额描述人民币国际化的动态发展。

（二）大宗商品定价权

在国际贸易中，期货价格往往被认为是一个定价基准，这一点对于大宗商品来说尤其重要。期货市场或者其他市场规则的制定者拥有大宗商品的定价权。如果大宗商品价格能够反映合理的需求，我们就认为这一大宗商品价格是合理的，这样就不存在定价权问题。汤珂（2011，2012，2014）的研究支持大宗商品期货定价从 2004 年以后，并没有真正反映实体经济的供给和需求。所以，争夺大宗商品的定价权很有意义。

另外，目前欧美国家的期货市场价格发现功能又是存在缺失的。在欧美期货市场之外，庞大的柜台交易市场（OTC 市场）占到交易量的 80%，而 OTC 交易信息是不透明的。考虑到数据的可获得性，我们使用基于现货价格方面的数据来衡量我国的大宗商品定价权。

$$R = (PM_t/PM_{t-1}) \, / \, (PW_t/PW_{t-1}) \tag{8.2}$$

指标释义：PM_t 和 PM_{t-1} 分别表示某一商品当年和上一年度的进口平均价格，PW_t 和 PW_{t-1} 分别表示该种商品当年和上一年度的国际权威价格。

经济学含义：白明（2006）从消费者剩余最大化的角度出发，把符合一国消费者剩余最大化目标的进口定价称为理想价格，高于理想价格的称为劣权定价，低于理想价格的称为优权定价。所谓国际定价权，是指一国究竟在多大程度上有能力可以使进口大宗商品价格接近理想价格。这种理想价格用世界权威价格来表示。动态比价 R 大于 1 表明中国进口价格呈现劣权化趋势，R 越大劣权化越明显；动态比价 R 小于 1 表明中国的进口价格呈现优权化趋势，R 越小优权化越明显。且动态比价波动越大，越有可能说明中国的定价权微弱，从而无法维持进口价格的稳定。

评价：该指标从一国大宗商品的进口价格变化与世界市场价格变化的接近度出发，较为简单直观。但该指标只能反映一种对定价权的推测，而不一定是定价权本身。例如，当国内进口价格被动接近世界平均价格时，动态比价 R 接近于 1，但其后的定价权含义并不明显。

（三）国际金融事务的话语权

1. 国际金融组织投票权。当前三大国际性金融组织，国际货币基金组织（IMF）、世界银行（World Bank）和国际清算银行（BIS）在国际金融秩序和货币金融框架，包括危机救助、贫困救助、金融监管等方面都发挥着重要的作用。虽然经历了数次改革，以便让新兴国家在国际组织中拥有更多发言权，但目前这些国际组织的投票权或决策权大抵体现的仍是成立初期的利益格局。如传统上由美国主导的 IMF 和 World Bank 更多地体现了发达国家，尤其是美国的利益诉求，而传统上由欧洲主导的 BIS 在规则制定方面也往往更多考虑的是欧美银行体系的形势。

2. 政治全球化指数。一国在国际金融事务中的话语权，除了体现在以上主要组织中的投票或决策权，还往往与其政治影响力高度相关。因此，我们还引入 Dreber（2006）提出的政治全球化指数来衡量。该指数是四项分指数的加权，分别是驻外使馆数量（25%）、参与国际组织数量（27%）、对联合国安理事会的人均贡献（22%）和国际条约（26%）[①]。

---

① 自 1945 年以来与他国签署的并被各国最高立法机构批准的条约。存放在联合国秘书长办公室的已签署和批准的条约也包括在内。

3. 本国持有美国国债占全部美国国债份额。美国国债作为目前世界头号强国的国家债券，也是全球最大的国债市场。虽然众多新兴国家的储备中持有美国国债，也有部分迫不得已的原因，如美国作为目前最强的国际储备货币的地位，但因为美国政府的高负债，持有的美国国债份额也在一定程度上间接地增强了本国对美国的话语权。

将上述指标总结如表 8 - 2 所示，即是我们提出的金融自主权评估体系。

表 8 - 2   金融自主权指标体系

一级指标	二级指标	三级指标
金融自主权	货币自主权	货币替代率、货币政策独立性、货币国际化
	大宗商品定价权	现货市场动态比价指标
	国际话语权	国际金融组织投票权、政治全球化指数、持有美国国债占比

二、货币主权风险指数构建及说明

(一) 数据来源和指标说明

我国金融自主权指数编制面临的较大难题为数据来源方面的限制。在指标的选取方面，舍弃了某些有重要经济含义但缺少数据的指标，如外资股权在我国金融机构中的占比、离岸人民币外汇市场交易规模占境内人民币外汇交易规模的比重、外资进入股市规模占股市规模比重等能揭示我国金融自主权风险的指标。在指标时间长度的选择上，尽可能地选择了那些时间跨度相对长的指标。表 8 - 3 总结了相关指标对货币主权维护风险的影响方向，指标数据的来源、起始时间和可计算的最低频度以及相关处理说明。数据的计算起始时间都是以 2000 年为起点，最终指标可得数据的时间大多是在 2000 年之后。由于一部分指标只有年度值，因此最终指数的编制将基于年度数据，指数编制的时间区间为 2000—2016 年。

表 8 - 3   指标及数据说明

指标	影响方向	数据来源、指标起始时间、指标最低频度	指标说明
货币替代率	-	人民银行，CEIC 数据库，2000 年，月度	外币存款/M_2
货币政策独立性	+	CEIC 数据库，1987 年，年度	前文公式 (8.1)
人民币国际化	+	中国人民大学《人民币国际化指数报告》，2010 年，季度	对人民币在全球范围内贸易计价、金融交易和外汇储备三个方面人民币所占份额加权
现货市场动态比价	-	海关总署，世界银行，2003 年，年度	前文公式 (8.2)，R 大于 1 表明中国进口价格呈现劣权化趋势，R 越大劣权化越明显；小于 1 表明中国的进口价格呈现优权化趋势，R 越小优权化越明显
国际金融组织投票权	+	IMF，World Bank，BIS	我国在 IMF，World Bank 和 BIS 三大金融组织的投票份额占比

续表

指标	影响方向	数据来源、指标起始时间、指标最低频度	指标说明
政治全球化	+	Dreher, Axel（2014），1970 年，年度	四项分指数的加权，分别是驻外使馆数量（25%），参与国际组织数量（27%），对联合国安理会的人均贡献（22%），国际条约（26%）
我国持有美国国债份额	+	美国财政部，2000 年，月度	我国持有美国国债/全部美国国债

（二）指数构建方法

以上数据均先同向化处理后，再用功效系数法进行标准化。

第三节　中国金融自主权评估与分析

自 2001 年以来，随着我国经济发展规模的逐步增加和国际地位的稳步提升，我国金融自主权总体呈现上升趋势。这主要从三个方面体现，首先由于人民币国际化程度的不断深入，增强了世界各国对人民币的信心，人民币的货币自主权较 2000 年增加了 7.36%。其次，我国大宗商品定价权一直以来波动剧烈，这主要源于国内期货市场不完善，但是从 2011 年至今，我国大宗商品定价权逐年增加，一方面是进口价格与世界平均价格的偏离逐渐减小，另一方面大部分大宗商品的世界平均价格有所降低。再者是我国国际金融话语权也是平缓上升，其中在三大组织中中国的投票权在增加，持有美国国债份额也从 2000 年的 5.9% 上涨至 19.2%。

金融自主权总指数在 2016 年较 2015 年降低 1.4 个基准点，其中货币独立性政策指标的大幅下降导致货币自主权指数下跌；选取的七种大宗商品的定价权在 2016 年都有所增长，因此大宗商品定价权指标持续稳步上升；虽然我国持有美国国债份额自 2010 年持续减少，但是因为在三大组织中的投票和政治国家化指数的上升，综合指标国际金融事务话语权也小幅增长。随着人民币开放性和独立性的深化，人民币的稳定性必将受到严峻的考验。

一、货币自主权评估与分析

（一）货币发行自主权

按前文所述，我们构建的货币替代指标（外币存款/M_2）如图 8-1 所示。

从图 8-1 中可以看出，我国境内外币存款占准货币的比例从 2000 年以来大抵呈现出下降的趋势，最高点出现在 2000 年，约为 12.5%，而最低点出现在 2011 年，为 3.1%。此后，外币存款占比小幅攀升，到 2016 年达到 4.6%，比 2015 年再提高 0.5%。考虑到从 2000 年以来我国就存在着较高的人民币升值预期，直至 2008 年次贷危机后，尤其是近两年，单边升值预期已经不在，转为双向波动这一背景，可以看到我国货币替代指标的变化趋势背后不仅体现了我国居民和企业对持有本币的信心，也体现了强烈的投资动机。自 2015

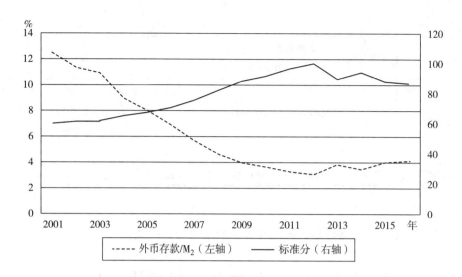

图 8-1 货币替代指标

年以来由于美联储频繁加息导致美元持续走强，外币存款也稳步增加，其增长速度大于国内货币存量，导致近几年来货币自主权指数小幅下降。但就央行对于人民币发行的自主权来看，对于在拉美曾经出现的因高通胀而导致本国居民丧失持有本币的信心而改为持有美元的这一"货币替代"的风险在我国还不显著。相反，自 2000 年以来，指数走势体现了境内居民和企业对人民币持有的信心。对其进行同向化处理后，用功效系数法得到的评分如图 8-1 虚线所示，自 2000 年以来，均分为 80 分，2016 年为 82 分。

（二）货币调控自主权——货币政策独立性指标

我们使用美国的联邦基金有效利率来表示美国的货币政策立场，使用中国的银行间同业拆借利率代表中国的货币政策立场，依据前文介绍的公式（8.1）进行计算，得到货币政策独立性指标如图 8-2 所示。

从图 8-2 中可以看到，我国货币独立性指数自 2000 年以来呈现震荡波动的格局，在 2005 年、2013 年分别达到高点，而在 2008 年独立性最低，这大抵体现了自 2004 年以来，两国货币当局都进入了紧缩周期，美国的货币政策自金融危机以来将名义利率降至零边界附近后，实行了量化宽松货币政策，即使现在大规模购买计划已停止，但名义利率仍维持在零边界。我国虽然在 2008 年也实行了宽松政策，但自 2009 年以来，因为"四万亿"计划带来的市场过热，我国货币政策立场实质上进入了紧缩期，这表现为独立性指数在 2009 年至 2013 年的上升。直至美国于 2014 年实质上开始退出宽松立场，我国也逐渐步入宏观政策调整的敏感期，从盯住美元转型为盯住一篮子货币，力求从与美元涨幅挂钩被动的角色转化为货币独立性更高的立场。在货币国际化水平由低而高的变化中，首先面临的挑战就是汇率的波动。自 2015 年美联储接连几次大幅上调利率，美元逐渐走强，包括人民币在内的各国货币受到美元上涨影响，在此期间的政策独立性指数大幅降低，人民币政策在走向独立的进程中势必经受十分严峻的考验。

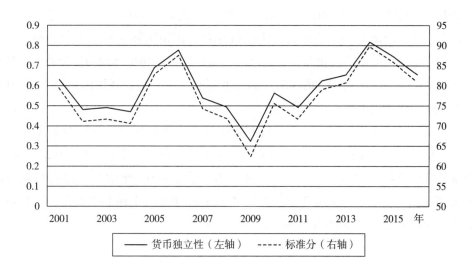

图 8 - 2　货币独立性指标

（三）货币国际影响力指标——人民币国际化指数

按照 Swift 的数据统计，虽然人民币结算占全球支付货币的比例自 2011 年的 0. 29% 上升到 2014 年的 2. 17%。其排名在 2014 年 11 月取代加元及澳元，紧随美元、欧元、英镑和日元成为全球第五大支付货币，到 2015 年，人民币占全球支付货币的比例继续小幅上升至 2. 31%。由于中国经济发展减速，人民币贬值等原因导致 2016 年人民币全球支付额持续下滑至 1. 68%，已被加元超越，退居第六大支付货币。在用功效系数法进行标准化时，我们选择中国的进出口占全球贸易的比例作为最优值（据 WTO 的最新数据，2013 年中国的进出口贸易占全球比重为 10. 04%），其实这是一种保守的估计。例如，美国在 2013 年的全球贸易中占比为 10. 7%，而美元在全球支付货币占比已超过 50%。最低值我们使用 0。计算得到的人民币国际化指数的标准分如图 8 - 3 所示。

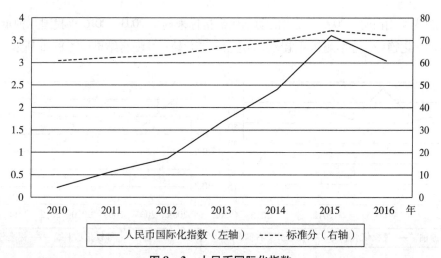

图 8 - 3　人民币国际化指数

自 2010 年至 2016 年人民币国际化总体呈现上涨趋势，2010 年至 2015 年，人民币国际化指数稳步上升，2016 年美元走强人民币贬值导致人民币国际化出现下滑趋势。虽然人民币作为全球贸易结算货币的占比总体在提高，但货币的国际化更体现为作为外汇市场交易的广度和深度，目前人民币在这方面国际化的程度还非常低。结合我国国际综合实力的分析，未来人民币国际化进程必定是上升趋势。

将以上三个指标进行加权平均后，得到我国货币自主权指标的标准分如图 8-4 所示。可以看出，我国货币自主权自 2000 年以来，总体来说呈现出上升的趋势，从 21 世纪初的 66 分先小幅下跌至 2002 年的 64 分，然后稳步上升，直至 2013 年的 83 分达到目前最高分。2016 年至 73 分，比 2015 年下降 7 分。美联储在 2016 年连续上调利率致使美元持续走强是我国货币自主权下降相较 2015 年大幅下降的主要原因。

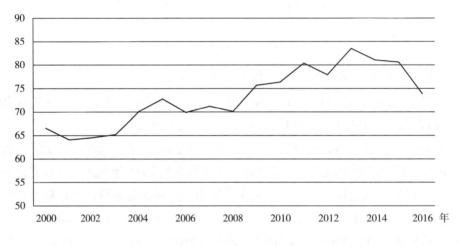

图 8-4 货币自主权指数

二、大宗商品定价权评估与分析

我们首先使用白明（2006）提出的动态比价指标来衡量 2003—2016 年我国几种重要大宗商品优劣权的变化趋势，并推测其可能反映的定价权变化轨迹，所得结果如图 8-5 所示。

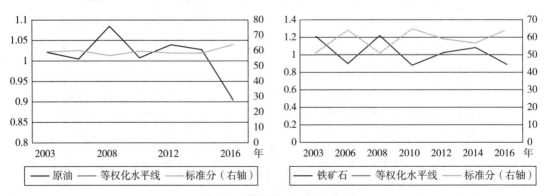

图 8-5 大宗商品动态比价指数

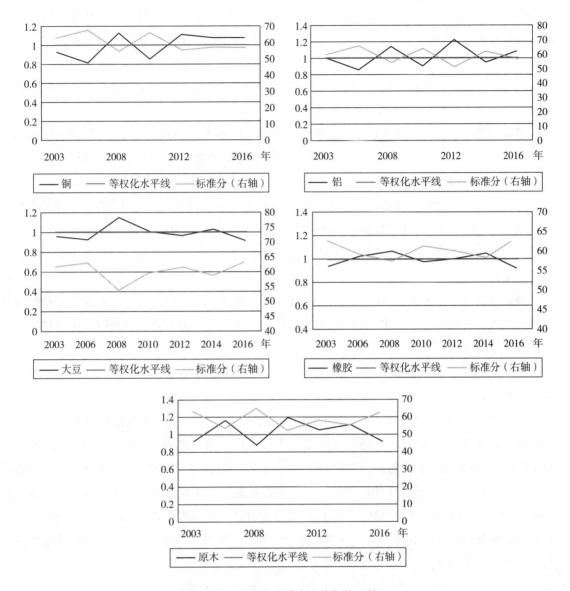

图 8 - 5　大宗商品动态比价指数（续）

如图 8 - 5 所示，我国进口原油动态比价在 2000 年到 2016 年间整体呈现一种围绕等权化水平线（动态比价等于 1 的水平线）小幅周期性波动的趋势，最大偏离度仅为 8%。这表明在 2000 年到 2016 年，我国进口原油价格变动一直趋近世界价格变动趋势，没有长期偏离世界价格的情况发生。

进口铁矿石的动态比价波动明显，整体呈现出一种先大幅下降，随后大幅上升，再大幅下降又上升的趋势，波动率逐年减小。动态比价指标的最高点在 2004 年达到 1.57，然后在下一年骤降 59% 至最低点 0.64。从 2011 年开始，铁矿石的动态比价逐渐趋于平稳。这说明我国进口铁矿石价格相较于世界平均价格而言在 2011 年之前呈现出一种较为剧烈的波动趋势，我国铁矿石定价权较弱，无法保障国内进口铁矿石价格的稳定，世界铁矿石价格被三大矿商牢牢掌握。2016 年相对 2015 年而言，比价下降明显，定价权得分升高了 6 分，这主要源于铁矿石进口价格下跌，而世界价格又小幅上升，说明我国对铁矿石的定价有一定的话语权。

进口铜的动态比价在 2006 年和 2007 年波动较为明显，但从 2008 年开始趋于平稳，波动幅度基本在等权化水平线 2% 的水平内。

进口铝动态比价的波动特点是两头平稳，中间起伏较大；2007 年至 2013 年铝的比价不仅波动剧烈而且除 2011 年外均高于等权线，即使近几年的指标趋于平稳但是数值持续高于 1，基本处于劣权化范围。

进口大豆动态比价的波动幅度较小，最大偏离度在 2008 年为 23%。从 2009 年开始进口大豆动态比价围绕等权线作幅度小于 10% 的上下摆动。相较于 2015 年的占比，2016 年指标持续下降至 0.92，接近自 2003 年以来的最低值 0.9。中国作为农业大国，对部分果蔬类有相当的定价权。

进口橡胶动态比最低在 2009 年达到 0.87，最高在 2011 年达到 1.19，大部分年份都在等权线上方，且偏离较小。在 2011 年到 2016 年期间内一直缓慢下降，这说明我国对橡胶的定价权逐步回升。

进口原木动态比价也基本在等权线附近波动。最高点出现在 2010 年达到 1.23，2016 年降至 0.91，同比下降 26%。

将以上七个指标进行平均后，得到我国大宗商品自主权指标的标准分如图 8-6 所示。可以看出，自 2003 年以来，我国大宗商品定价权总体来说呈现震荡态势且波动幅度较大，自 2010 年以来表现出下行趋势，2013 年后稳步上升，但整体分数徘徊在 60 分左右，形势较为稳定。其中 2016 年相对 2015 年，有较大幅度提高，这主要源于七个大宗商品的定价权都在 2016 年上升，其中原油和铁矿石的涨幅最为明显。由于未来美联储加息将逐步强化，全球经济复苏面临新的不确定性，特别是新兴经济体复苏较为不力，未来大宗商品价格缺乏持续上涨的基本面支撑。

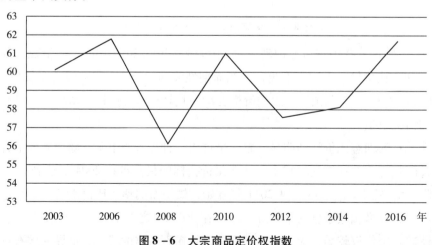

图 8-6　大宗商品定价权指数

三、国际金融事务话语权评估与分析

(一) 国际金融组织投票权

在三大国际金融组织中，IMF 和 Worldbank 有明确的投票份额 (voting share)。我们认为合理的份额应与一国经济在世界经济中所占份额相当，如美国在 IMF 和 Worldbank 的投票份额在 2014 年分别为 16.5% 和 15.85%，这与美国的经济份额约占全球 16% 是相符的。因此在用功效系数法打分时，我们选择中国自 2000 年以来 GDP 占全球份额最低值 (2000 年为 7.35%) 作为最差值，而最高值作为最优值。可以看到，我国在 IMF 和 Worldbank 的投票权相比我国经济实力而言，还非常低。即使两大组织在过去的几次改革中，均提高了中国的份额，但标准分均不及格。这表明我国在 IMF 和 Worldbank 的投票权过低，两大组织仍然是以美国为主导的机构。

而 BIS 则在其官方文件中说明，其决策和投票权不依据成员国的出资份额，而是由委员会决定。BIS 的委员会由 1 名主席 (Chairman)，6 名核心董事 (ex officio directors)，以及其他最多不超过 13 个人的董事。6 名核心董事由比利时、法国、德国、意大利、英国和美国六国的央行进行任命。由于没有明确的投票份额，我们将投票权划分为四个等级，若进入 BIS 的成员国，赋级为 1，若进入董事，赋级为 2，若成为核心董事，赋级为 3，若主席由本国任命，赋级为 4。依次赋级，我国是于 2006 年首次出现在董事会成员中，周小川为代表。在用功效系数法打分时，将 1 作为最差值，而 4 作为最优值。最后得分如图 8-7 所示，三大组织中中国的投票额总体来说都呈现稳步上升走势，但是近几年来，增幅不明显，这与我国的经济体量和国际影响力并不相符。在 2016 年中，除了 IMF 将中国投票份额提升至 6.394% 之外，中国在世界银行和国际清算银行的投票份额没有发生重大改变，故加入 2016 年数据后，IMF 投票额有小幅上升，其他两个组织投票份额的图形更加趋于平稳。

(二) 政治全球化指数

依前文所述，我们使用 Dreber (2006) 提出的政治全球化指数来衡量。该指数是四项分指数的加权，分别是驻外使馆数量 (25%)，参与国际组织数量 (27%)，对联合国安全理事会的人均贡献 (22%)，国际条约 (26%)[①]。该指数越大，表明全球化程度越高。最小为 0，最大为 100。图 8-8 给出了中国自 2000 年以来的指数，为了便于与国际上相比较，我们同时画出了美国、俄罗斯、德国和日本。可以看出，我国的政治全球化指数自 2000 年以来，从 75 大幅度上升至 2013 年的 85，这一变化与我国过去十几年来的经济影响力与日俱增相一致。但与一些发达国家比，还有一定差距，如美国、德国在 2012 年均达到 92 以上[②]。

[①] 自 1945 年以来与他国签署的并被各国最高立法机构批准的条约。存放在联合国秘书长办公室的已签署和批准的条约也包括。

[②] 该指数最新公布到 2013 年，但与去年的版本比较，俄罗斯和日本的历史值出现了一些变化，由于原作者并未公布修订细则，我们此次以最新公布的版本为准。在涉及对中国的指数进行评分时，由于中国的值并未出现大的改变，因此对最终指数的影响较小。

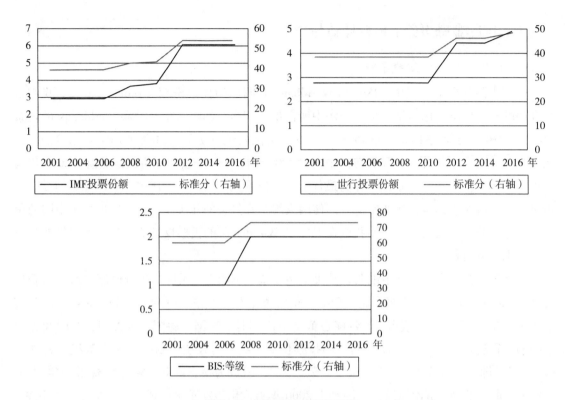

图 8-7 国际金融组织投票权

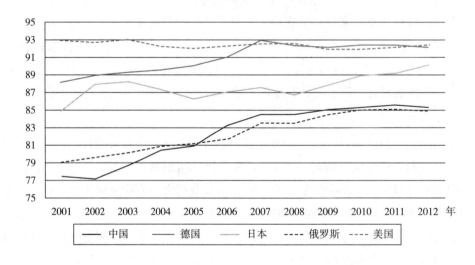

图 8-8 政治全球化指数

（三）中国持有美国国债占全部美国国债份额

图 8-9 给出了我国自 2000 年以来，持有美国国债的份额。可以看出，我国持有的美国国债份额占美国全部国债的占比在 2000 年为 5.9%，之后的十年显著上升至 26.2%，最近五年则呈小幅下跌走势。这一倒 V 形走势与我国过去十几年的经济增长方式（尤其是 2000—2008 年以出口拉动为主）、外汇制度与资本账户管制情况是一致的。2008 年次贷危机

以来，国际上对美元储备货币地位的质疑声渐大，2010年以来持有美国国债份额的下降也可以看做我国主动改变外汇持有结构，减小对美元依赖的一种方式。但本指数旨在从通过持有的美国国债产生的对美国政府进而对国际金融事务的影响力，因而仍以份额的变动来近似代理。可以看出，自2010年至今我国持有美国国债份额逐步减少，其中2016年为19.2%，比2015年减少了1.1%，同年10月被日本超越，成为美国第二大债主。可以看出我国正处于调整外汇结构的变革阶段，一方面由于自身国际影响力逐步增加，另一方面改变了以往的盯住美元汇率政策，再者，我国对通过美国政府的经济压力获取国际影响力的需求也在逐渐减少。以历史值的最大值和最小值分别作为功效系数法的最优值和最差值，对该指标的标准分自2000年以来为60分，2016年为86.2分。

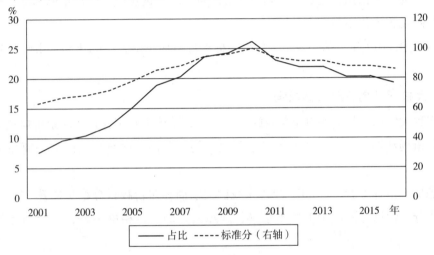

图8-9 持有美国国债份额

将以上5个指标进行加权平均后，得到我国国际金融事务话语权指标的标准分如图8-10所示。可以看出，自2001年以来，呈现出总体上升的趋势，这与我国在三大国际金融组织的投票权提高相关，但与我国经济实力相比，话语权还偏低。

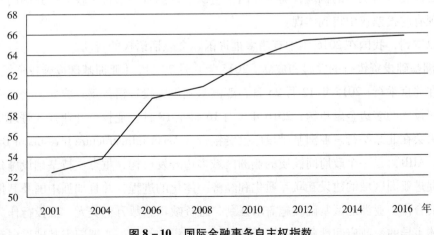

图8-10 国际金融事务自主权指数

第四节 结论与展望

一、主要结论

（一）当前我国货币主权风险总体可控

2000 年以来，我国货币替代率整体不断减小，体现了居民增加的持有人民币的信心，货币政策在调控上的独立性总体在 70 分左右波动，体现了我国货币政策调控仍然能以我国宏观经济形势为主要依据，但是也受到一些美国货币政策的影响。人民币的国际影响力有所提高，但国际化程度仍不足。

2015 年相比 2014 年，除了外币替代率指标得分有所下降，国际化和货币政策独立性都有所提高。

（二）大宗商品定价权仍然较弱

我国多种大宗商品均面临着定价权缺失的局面，整体上我国大宗商品定价权现状不容乐观。而现货市场和期货市场发展的诸多不足也制约着我国增强自身国际大宗商品定价权的步伐。

从动态比价指标上看，自 2012 年以来我国大宗商品定价权得分稳步提升，2016 年同比提升了 2.4 分，但这主要源于市场不景气，国际大宗商品价格的下跌，我国的定价权仍然较弱。

（三）国际金融话语权继续提升但与我国经济整体实力严重不称

虽然按照我国目前 GDP 购买力平价计算，已排名世界第一，也是全球第二大经济体，并且政治影响力也在提升，但我国在国际金融事务中的话语权并不乐观，尤其是目前重要的三大国际金融组织中，IMF、世界银行和 BIS，我国的话语权得分都不高。IMF 和世界银行基本上还是以美国为主导的机构，美国在两个组织中都拥有一票否决权，而我国的利益诉求还无法从现有的投票权中得到体现。

但可以看到，我国在 2016 年中有诸多推进国际金融话语权的行动。

1. 亚洲基础投资银行的发起和成立。2015 年 6 月 29 日，《亚洲基础设施投资银行协定》签署仪式在北京举行；2015 年 12 月 25 日，亚洲基础设施投资银行正式成立，全球迎来首个由中国倡议设立的多边金融机构；2016 年 1 月 16 日至 18 日，亚投行开业仪式暨理事会和董事会成立大会在北京举行。亚洲基础设施投资银行（Asian Infrastructure Investment Bank，简称亚投行，AIIB）是一个政府间性质的亚洲区域多边开发机构，重点支持基础设施建设，成立宗旨在促进亚洲区域的建设互联互通化和经济一体化的进程，并且加强中国及其他亚洲国家和地区的合作。亚洲地区基础设施需求强劲，融资缺口达数万亿美元。亚投行作为第一家新兴经济体主导的、政府间性质的亚洲区域多边开发机构，将为亚洲国家基础设施和其他生产性领域提供资金支持，有效促进亚洲地区基础设施建设和经济健康发展。亚投行成立对中国具有重要战略意义，中国拥有约 26% 的投票权，成为亚投行第一大股东，拥有绝对的主导力量。但目前亚投行的组织价格、包括未来的实际管理、运营对于中国来说仍具挑战。

2. 人民币被 IMF 纳入特别提款权（SDR）。2015 年 12 月 1 日凌晨 1 点，IMF（国际货币基金组织）正式宣布，人民币 2016 年 10 月 1 日加入 SDR（特别提款权），人民币将成为与美元、欧元、英镑和日元并列的第五种 SDR 篮子货币。人民币将占 10.92% 的权重，排第三位。这是人民币国际化的里程碑事件，是对中国经济发展成就和金融业改革开放成果的肯定，人民币作为储备货币和投资货币的功能将显著增强，未来人民币在全球的支付占比和国际影响力将会稳步上升。这将会对中国的金融改革和人民币汇率走势产生重要影响。同时，美国国会批准 IMF 改革方案，中国在 IMF 的投票权份额将升至 6.394%，仍旧排名第三。印度、俄罗斯和巴西的份额都将跻身前十行列，新兴市场话语权大幅提升。人民币加入 SDR 既是 IMF 对人民币国际化进程的认可，也是中国对继续推动包括资本账户开放在内的金融改革的承诺。

3. 二十国集团（G20）领导人峰会在杭州举行。G20 成立的宗旨是为推动已工业化的发达国家和新兴市场国家之间就实质性问题进行开放及有建设性的讨论和研究，以寻求合作并促进国际金融稳定和经济的持续增长。在杭州承办 G20 峰会，一方面，中国积累了大量多边外交的经验，从 2014 年筹备到现在，中国深度参与全球经济治理，积极参与全球多边外交，特别是像最高层次的多边外交，这对中国来讲是非常宝贵的；另一方面，中国在国际上的影响力通过杭州峰会更加集中和明显地展示了出来，我国作为全球第二大经济体，新兴国家主要驱动国家，世界的发展受中国发展影响越来越大。

将三大类指标综合起来，我国总体金融自主权得分如图 8-11 所示。应该看到，在过去十六年里，金融自主权总体来说是呈现明显上升趋势，但与我国经济总体实力相比，仍然有很大的提升空间。

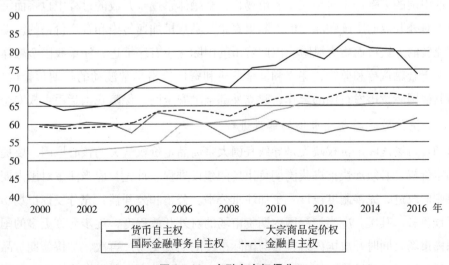

图 8-11　金融自主权得分

二、未来展望

虽然目前我国金融自主权总体在提高，但在当前全球经济金融一体化逐步加深的背景下，仍面临着很多调整，未来随着人民币国际化进程的推进，我国资本项目的进一步开放，我国经济金融开放程度将得到持续提升。金融自主权的维护必然面临更多来自国际合作框架和自身利益方面的冲突。

（一）适应市场化的调控机制，增强货币政策自主性

长期以来，我国基于外汇占款的货币发行机制是一种被动的货币发行机制，货币供给具有较强的内生性。随着美联储逐步退出 QE 引发的货币政策变化将会影响包括中国在内的全球货币金融周期的变化，人民币资产和货币扩张的内外环境正在发生趋势性改变，利用中美利差、人民币即期远期汇率测算的无风险套利空间显著收窄，外汇占款可能在未来会持续下降。如今美联储为资金回流频繁加息，必定会导致国内货币利率被动抬升，外汇储备减少。若要走出被美元左右的困境，如果没有长效的基础货币发行方式，货币当局将缺乏流动性调节进而调节通胀和经济增长等货币政策工具。因此，必须扭转我国货币发行的机制，完善货币政策工具体系，特别是完善公开市场操作，建立常规手段和非常规手段相结合的公开市场操作工具体系，目前存贷款基准利率已放开，传统的信贷规模调控方式也在逐步转向以公开市场操作为主的市场化调控方式，但是面对商业银行的不断创新以及监管套利的动机，如何提高我国货币政策调控的自主性、有效性仍面临诸多挑战。在对外汇储备管理机制进行调整的同时还需与其他金融改革协调推进，提高我国货币政策的自主性。

（二）审慎有序推进人民币国际化，维护金融体系安全

货币国际化是维护我国货币主权的必然选择，人民币国际化最终要实现人民币的自由进出，尤其是目前人民币已纳入 SDR，这意味着我国在人民币国际化的道路上已经没有回头路。而目前中国的汇率仍未实现完全的市场化，金融体系逐步开放的过程中也将面临一系列风险。随着对外开放的广度和深度的不断提高，金融危机加速传染和资产价格的波动将因海外大规模流转的人民币而增大风险。因此货币的国际化应有序推进，注重我国金融体系安全的维护，完善金融调控和监管，建立和健全危机和资产价格异常波动的早期预警信息系统，并加强与其他国际货币发行国的合作，建立外部金融安全网，保障我国货币主权安全。

（三）加快推进我国期货市场的建设进程

我国期货市场国际定价权缺失是导致我国大宗商品定价权缺失的核心原因。要提升我国大宗商品定价权，必须加快推进我国期货市场的建设进程。首先，应当注重对国内期货交易所交易规则的改进，完善制度设计，更加注重公平、公正和公开性，充分发挥市场功能，减少行政干预色彩。其次，应当加深国内期货市场的对外开放程度，逐步允许更多的国际投资者进入国内市场，同时开放国内机构参与国际市场的期货交易。再次，加快新期货品种上市的速度，逐步完善期货结构。最后，还要注重培育机构投资者和各类期货人才，增强国内参

与者参与国际期货交易的实力，保障国内期货市场在开放程度扩大后的自主权。

（四）改善国际金融组织格局，继续提升国际话语权

经济全球化折射出的国家货币主权与限制问题值得关注。在美元霸权的国际货币体系下，美国作为主要货币发行者本应增强美元的货币责任意识，防止滥用货币发行权。但按照习惯国际法，美国一般情况下不需要因其币值改变而承担国际法的国家责任。当前的 IMF 条约并未能对作为国际储备货币发行国的货币行为建立有效约束，加大了对别国货币主权的损害。美国在国际货币基金组织占有最大份额，对许多国际重大事务具有一票否决权，直接阻碍了国际货币基金组织的改革，中国应充分发挥自身影响力，积极推动国际货币基金组织改革，争取更多的国际话语权来维护自身利益。值得注意的是，我国已牵头成立亚投行，试图打破美国主导的国际金融格局，但是如何有效利用，并避免风险是值得进一步深入研究的。

参考文献

[1] 费兆奇. 国际股市一体化与传染的时变研究 [J]. 世界经济, 2014 (9): 173 – 192.

[2] 宫晓琳. 宏观金融风险联动综合传染机制 [J]. 金融研究, 2012 (5): 56 – 69.

[3] 何国华, 袁仕陈. 货币替代和反替代对我国货币政策独立性的影响 [J]. 国际金融研究, 2011 (7): 4 – 10.

[4] 贺晓博, 张笑梅. 境内外人民币外汇市场价格引导关系的实证研究——基于香港、境内和 NDF 市场的数据 [J]. 国际金融研究, 2012 (6): 58 – 66.

[5] 黄聪, 贾彦东. 金融网络视角下的宏观审慎管理——基于银行间支付结算数据的实证分析 [J]. 金融研究, 2010 (4): 1 – 14.

[6] 贾彦东. 金融机构的系统重要性分析——金融网络中的系统风险衡量与成本分担 [J]. 金融研究, 2011 (10): 17 – 33.

[7] 金融安全协同创新中心, 西南财经大学中国金融研究中心, 中国金融安全报告 2014 [M]. 北京: 中国金融出版社, 2014.

[8] 金融安全协同创新中心, 西南财经大学中国金融研究中心, 中国金融安全报告 2015 [M]. 北京: 中国金融出版社, 2015.

[9] 黎友焕, 王凯. 热钱流入对中国经济的影响及其对策 [J]. 财经科学, 2011 (3): 34 – 40.

[10] 李岸, 夏越, 乔海曙. 国际股票市场联动的影响路径与机制研究 [J]. 南京社会科学, 2017, 2016, 7: 23 – 29.

[11] 李海海、曹阳. 外汇占款的通货膨胀效应——基于 1998—2005 年的实证分析 [N]. 中央财经大学学报, 2006 (11): 38 – 42.

[12] 李红权, 洪永淼, 汪寿阳. 我国 A 股市场与美股、港股的互动关系研究: 基于信息溢出视角 [J]. 经济研究, 2011 (8): 15 – 25, 35.

[13] 李扬等. 中国国家资产负债表 2013 [M]. 北京: 中国社会科学出版社, 2013.

[14] 李扬等. 中国国家资产负债表 2015 [M]. 北京: 中国社会科学出版社, 2015.

[15] 李志辉, 王颖. 中国金融市场间风险传染效应分析——基于 VEC 模型分析的视角 [J]. 天津财经大学学报, 2012 (7): 20 – 27.

[16] 刘莉亚. 境外"热钱"是否推动了股市、房市的上涨? [J]. 金融研究, 2008 (10): 70。

[17] 刘锡良等. 中国金融国际化中的风险防范与金融安全研究 [M]. 北京: 经济科学出版社, 2012.

[18] 刘湘云, 陈洋阳. 金砖国家金融市场极端风险的净传染效应: 基于空间计量分析 [J]. 国际经贸探索, 2015 (3).

［19］马君潞，范小云，曹元涛．中国银行间市场双边传染的风险估测及其系统性特征分析［J］．经济研究，2007（1）：68－78.

［20］牛晓健，陶 川．外汇占款对我国货币政策调控影响的实证研究［J］．统计研究，2010（4）：11－16.

［21］孙华妤．中国货币政策独立性和有效性检验——基于1994—2004年数据［J］．当代财经，2006（7）：26－32.

［22］谭小波，张丹．我国货币供给内生性的实证分析——基于外汇储备对基础货币的影响［J］．经济研究导刊，2010（14）。

［23］汤珂，积极争取国际大宗商品定价权［J］．红旗文稿，2014，9.

［24］唐旭、梁猛．中国贸易顺差中是否有热钱？有多少？［J］．金融研究，2007（9）：1－19.

［25］童牧，何奕．复杂金融网络中的系统性风险与流动性救助——基于中国大额支付系统的研究［J］．金融研究，2012（9）：20－33.

［26］童牧，何奕．系统外部效应与流动性救助策略：大额支付系统中的系统风险［J］．系统管理学报，2012（5）：619－628.

［27］王晓枫．商业银行同业业务风险传染特征及因素分析［J］．东北财经大学学报，2017（2）：67－74.

［28］吴志成，龚苗子．从国家货币到市场货币——货币与国家关系的解读［J］．经济社会体制比较，2005（6）：59－64.

［29］伍戈，李斌．成本冲击、通胀容忍度与宏观政策［M］．北京：中国金融出版社，2013.

［30］夏园园，宋晓玲．境内银行间外汇市场人民币汇率定价权研究［J］．金融论坛，2014（3）：45－52.

［31］殷剑锋．金融大变革，社会科学文献出版社，2014.

［32］袁晨，傅强．我国金融市场间投资转移和市场传染的阶段时变特征——股票与债券、黄金间关联性的实证分析［J］．系统工程，2010，5.

［33］张兵，范致镇，李心丹．中美股票市场的联动性研究［J］．经济研究，2010（11）．

［34］赵进文，张敬忠．人民币国际化、资产选择行为与货币政策独立性［J］．经济与管理评论，2013（6）：78－86.

［35］赵胜民，谢晓闻，方意．人民币汇率定价权归属问题研究：兼论境内外人民币远期外汇市场有效性［J］．经济科学，2013（4）：79－92.

［36］Aizenman, Joshua, Menzie D. Chinn, and Hiro Ito（2008）．"Assessing the Emerging Global Financial Architecture：Measuring the Trilemma's Configurations over Time", NBER Working Paper Series, #14533, December 2008.

［37］Allen, F. and D. Gale. Financial Contagion［J］．Journal of Political Economy, 2000, 108（1）：1－33.

［38］Ashcraft, A., et al. Precautionary Reserves and the Interbank Market［J］．Journal of Money, Credit & Banking, 2011, 43（7）：311－348.

［39］Atalay, E. and M. L. Bech. The Topology of the Federal Funds Market［J］．Physica A：Statistical Mechanics and its Applications, 2008, 389（22）：5223－5246.

［40］Baxter, M., and R. G. King. Measuring Business Cycles ：Approximate Band－Pass Filters for Economic Time Series［J］．Review of Economics and Statistics, 1999, 81, 575－593.

［41］Bech, M. L. and K. Bonde. The Topology of Danish Interbank Money Flows［J］．Banks and Bank Systems,

2009, 4 (4): 48 – 65.

[42] Beyeler, W. E. , R. J. Glass, M. Bech, and K. Soramäki. Congestion and Cascades in Payment Systems [J]. Physica A: Statistical Mechanics and its Applications, 2007, 384 (2): 693 – 719.

[43] Claus D. , Zimmermann. The Concept of Monetary Sovereignty Revisited [J]. The European Journal of International Law, 2013.

[44] Cohen, Benjamin J. The International Monetary System: Diffusion and Ambiguity [J]. Orfalea Center for Global & International Studies, 2008 (2).

[45] David E. Altig, Owen F. Humpage. Dollarization and Monetary Sovereignty: The Case of Argentina [R]. Federal Reserve Bank of Cleveland, 1999, 9.

[46] Degryse, H. and G. Nguyen. Interbank Exposures: an Empirical Examination of Systemic Risk in the Belgian Banking System [J]. International Journal of Central Banking, 2007, 3 (2): 123 – 171.

[47] Docherty, P. and Wang, G. Using Synthetic Data to Evaluate the Impact of RTGS on Systemic Risk in the Australian Payments Systems [J]. Journal of Financial Stability, 2010, 6 (2): 103 – 117.

[48] Dreher, Axel (2006). "Does Globalization Affect Growth? Evidence from a new Index of Globalization", Applied Economics 38, 10: 1091 – 1110.

[49] Dreher, Axel, Noel Gaston and Pim Martens (2008), Measuring Globalisation – Gauging its Consequences (New York: Springer), March 5, 2015 Version.

[50] Engle, R. F. , K. Sheppard. Theoretical and Empiri cal Properties of Dynamic Conditional Correlation Multivariate GARCH [Z]. UCSD Working Paper, 2001.

[51] Gai, P. and S. Kapadia. Contagion in financial networks [J]. Proceedings of the Royal Society A: Mathematical, Physical and Engineering Sciences, 2010, 466 (2120): 2401 – 2423.

[52] King, M. , and S. Wadhwani. Transmission of Volatility between Stock Markets [J]. Review of Financial Studies, 1990, 3, 5 – 33.

[53] Nier, E. , J. Yang, T. Yorulmazer and A. Alentorn. Network Models and Financial Stability [J]. Journal of Economic Dynamics and Control, 2007, 31 (6): 2033 – 2060.

[54] Obstfeld, Maurice, Shambaugh, Jay C. , Taylor, Alan M. Monetary Sovereignty, Exchange Rates, and Capital Controls: The Trilemma in the Interwar Period [J]. Center for International and Development Economics Research, 2004, 2.

[55] Ronald I. , McKinnon. Association Currency Substitution and Instability in the World Dollar Standard [J]. The American Economic Review, 1982, 6.

[56] Rosa M. Lastra, Legal Foundations of International Monetary Stability [M]. Oxford University Press, 2006, 6.

[57] Soramäki, K. and S. Cook. SinkRank: An Algorithm for Identifying Systemically Important Banks in Payment System [J]. Economics: the Open – Access, Open – Assessment E – Journal, 2013, 7 (2013 – 28).

[58] Soramäki, K. et al. The Topology of Interbank Payment Flows [J]. Physica A: Statistical Mechanics and its Applications, 2007, 379 (1): 317 – 333.

[59] Tang Ke, Peng Liu, The Stochastic Behavior of Commodity Prices with Heteroskedasticity in the Convenience Yield, Journal of Empirical Finance, 2011, 18, 211 – 224.

［60］ Tang Ke, Time – varying Long Run Mean of Commodity Prices and the Modelling of Futures Term Structure, Quantitative Finance, 2012, 12, 781 – 790.

［61］ Upper, C. Simulation Methods to Assess the Danger of Contagion in Interbank Markets ［J］. Journal of Financial Stability, 2011, 7 (3): 111 – 125.